芸術と科学のあいだ

福岡伸一
SHIN-ICHI FUKUOKA

木楽舎
KIRAKUSHA

はじめに

常々感じることがある。日本の教育制度が、かなり早い段階で――中学とか高校とかのレベルで――文系向き、理系向きという区分を作って仕分けをしてしまっていることは大いなる問題だ、ということだ。中学・高校レベルの数学や物理の好き嫌いや成績の良し悪しだけで、若い知性の芽が摘み取られるのはたいへん不幸なことだ。

大学で教えていると、文系学部の学生の中に、いわゆる理系的センスが優れている人をたくさん見かける。いわゆる理系的センス、と私がいうのはたとえばこんなことである。

私の専門分野の生物学では、特殊な領域は別として、高度な数学や物理の知識がどうしても必要な局面はそんなにない。いま細胞の断面を顕微鏡で見ているとしよう。細胞はごく薄いスライス（切片）にしないと光が透過せず、きれいに観察できない。

でも果物を切るように、予め切る方向を定めておくことはできない。硬質ガラスかダイアモンドでできた鋭利な刃を使って、微小な組織をブラインドで削いで切片を作り、顕微鏡にセットして初めて細胞の像が焦点を結ぶ。このとき、自分は細胞をどの方向から見ているか、すぐに把握できる空間的な感覚を持てるか、ということが極めて重要だ。

いうなれば、キーウイフルーツの断面を見て、その外周のかたちや種の配列、数から、それが縦方向に切られているか、横方向に切られているか、あるいは斜め方向からか、斜めだとすると、キーウイのどのあたりが切られたものなのか、ぱっとイメージできるセンス。これは科学で要求される大切なセンスだ。でも数学や物理の計算が得意というのとはまた違って、どちらかといえばアーティスティックなセンスである。美を求めるセンスといってもいいかもしれない。秩序があるところにうつくしさを感じるセンス。こういった感覚のありなしは、高校の進路分けでは到底ひっかかってこない。

私が初めてフェルメールの絵に触れたのは、もう30年も前、留学したニューヨーク市で街を歩いていて、たまたま見つけた個人美術館フリック・コレクションに入ったときだった。それは「兵士と笑う女」という作品だったが、稲妻に打たれたような衝撃を受けた。ここには画家が「世界はこうなっている」と主張するような自分のエゴというものが一切ない。清明で、透明で、どこまでも公平。いままでこんな絵を見たことがなかった。世界を解釈したり、裏書するのではなく、ありのままに記述したい。それがフェルメールの目指したものだと感じた。そして、ふと、それは当時、私が科学者の卵として目指していたものと重なるような気がした。そこからフェルメールを巡礼する旅が始まった。

今にして思えば、フェルメールが生きた時代、17世紀は、ガリレオが望遠鏡で天体を観測し、レーウェンフックが顕微鏡で精子を発見した。スピノザはレンズを磨きながら文字通り哲学を研究し、ニュートンやライプニッツは微分を考えた。彼らは同じ時代の潮流の中にいて、方法こそ異なるものの同じことを希求していた。たえまなく移り変わりゆく動的な世界のあり方をなんとかして捉えたい・書き留めたいという希求。そして彼らはそれぞれの方法でみごとな到達をなしとげた。理系と文系が、あるいは科学と芸術が分離してしまう前の、実に豊かな時代に彼らは生きた。

そんな時代の光と風に思いを馳せながら、本書は書き始められた。芸術と科学のあいだに共通して存在するもの。それは今も全く変わっていない。この世界の繊細さとその均衡の妙に驚くこと、そしてそこにうつくしさを感じるセンスである。

福岡伸一

Ⅰ
マンハッタンヘンジ

ＮＹの空から消えた対の均衡

ミノル・ヤマサキ「世界貿易センタービル」

ニューヨークという街は、たった一本の単純な線で表すことができる。羊羹をななめに切ったようなシティグループセンター、曲線で縁取られたファサードを持つクライスラービル、どっしりと聳えるエンパイアステートビル、棒グラフを並べたような雑多なビル群が連なったあと、隅に、ひときわ高いツインタワー。この線をたどるだけで誰もが一目でわかる。ああ、わくわくするようなニューヨークの、あのスカイラインだと。この一本の線に、ある種の安定を与えていたのは、紛れもなく世界貿易センタービル《ワールドトレード》（ＷＴＣ）が同じ形の「対《つい》」として存在していることだった。

マンハッタンの南端に位置するＷＴＣは、どこからでも見えた。そしてその相同の対構造は、エンパイアステートビルの姿に象徴されるような、軸を中心に積み上りつつ屹立する尖塔、ある意味で中央集権的な、別の意味では男性的な原理に対して、常にそれを解毒するような作用を果たしていた。そんな風に私は思う。

ＷＴＣを設計したのは、建築家のミノル・ヤマサキだった。日系移民の子としてシアトルに生まれた。苦労して建築学を学び、全米の名だたる設計事務所を渡り歩いて腕を磨き、そして迎えた大仕事がニューヨークの世界貿易センタービルだった。彼はいったいどこから、とんがった高層ビルだらけのマンハッタンの突端に、全く同じ形を持つ二つの無機質な直方体を並べるという着想を得たのだろう。

一説によれば、それはアルハンブラ宮殿のスカイラインだとされる。スペイン・グラナダの丘に建つ優美なイスラムの宮殿。その遠景に安定をもたらしているのは、中央付近に斜交いに配された二つの四角い塔に他ならないことに気づく。

幾多の争いと栄枯盛衰をくぐり抜けて今なおそこにあるアルハンブラ宮殿の一対の塔。片や、この世界から跡形もなく消失してしまったツインタワー。その跡地には今、マンハッタンのあらゆる尖塔にも増して鋭く空を衝く垂直のタワーが立ち上がった。かつてあった対による均衡は、もうそこにない。

らせん建築、流れゆく動線

フランク・ロイド・ライト　ソロモン・R・グッゲンハイム美術館内部の天井

サルトルは、ニューヨークは散歩する街ではない、という趣旨のことを書いている。縦線と横線からなる人工的なグリッド都市であるニューヨークは、自分の現在地を知り、行き先を告げるには合理的な街だが、どの通りもどの角も同じように見えて無個性な街と映ったのだろう。そこには当然、センチメンタルなパリの街角に比べれば、というフランス人の矜持が含まれていたはずだ。

でも実際に歩いてみると、ニューヨークほど個性に富んだ表情を持つ街もないことがわかる。セントラルパークの緑に沿って五番街を北上してみよう。通称、ミュージアム・マイル。まず現れるのはギリシャ神殿のように壮麗なメトロポリタン美術館。左右対称の正面ファサードはなんと400メートルにも及ぶ。

なのに、かつてこんな風に豪語した人物がいた。「私の新しい美術館が完成したら、メトロポリタン美術館はプロテスタントの馬小屋みたいに見劣りするだろう」ソロモン・R・グッゲンハイム美術館を作ったフランク・ロイド・ライトである。

それは音もなく舞い降りた白い宇宙船のようにも、あるいは優雅なリボンをまとった巨大なケーキのようにも見える。ぐるぐると巻いた曲面のイメージは建物の中に入ってからも連続する。入場者はエレベータで最上階まで行き、丸い天蓋から降り注ぐ明るい光を感じつつ、ゆっくりと渦巻き状のスロープを下りながら絵を鑑賞して一階に至る。当初、画家からも建築家からも一斉に激しい十字砲火を浴びたこの斬新すぎる美術館は、確かに何者にも全く見劣りすることなく超然とそこにある。いまやマンハッタンを象徴するランドマークとなって、訪れる人が絶えない。

安定した静止の最たるものであるはずの建築物に、動きや流れを導入しようとしたライトの挑戦が行き着いた先は、らせんだったのである。

「時計」昇華、まさに万物流転

宮永愛子「夜に降る景色――時計――」(2010年)

撮影：宮島径　©MIYANAGA Aiko, Courtesy　Mizuma Art Gallery

ニューヨークの街路に立って、高層ビルのスカイラインに両側からV字形に切りとられた空を見上げると、気持ちのよい、しかしそれでいて不思議な孤独感に捉えられる。なぜだろう。その理由が最近、わかった。空が高いのだ。東京で見る空よりもずっと高くて遠い。そして澄んで青い。

空が高く感じられるのは、ちょうど摩周湖の水が驚くほど深く見えるのと同じ理由、つまり透明度が高いせいである。北米大陸を西から移動してきてアメリカの東海岸に晴天をもたらす高気圧は乾いている。含まれる水蒸気の濃度が低いのだ。その分、光が散乱されず、空の深度が深く見える。

空気中の水蒸気はそれでもいつかは凝集し雨粒となって、

静かに、あるときは激しい音を立てて地表に、海面に降り注ぐ。凝集した水滴がさらに冷やされるとそれは雪の欠片となって街や道路、そして人々の上に舞う。それらはまた時間を経て大気の中に戻る。

パンタレイ（panta rhei）。これは、紀元前——日本では長い縄文時代が終わり、ようやく弥生時代が始まった頃——ギリシャの哲学者ヘラクレイトスがその世界観を語ったとされる言葉で「万物は流転する」の意。彼もまた地中海の青い海と高い空を見渡していたのかもしれない。

氷（固体）——水（液体）——水蒸気（気体）。これを物質の三態といい、水分子はたえまなくこのあいだを流転している。ただし、物質のなかにはドライアイスのように、固体から直接、気体(この場合は二酸化炭素)へと変化するものがある。昇華だ(英語ではsublimateだが、なんとも素敵な漢字を当てたものである)。

宮永愛子はナフタリンを選んだ。そして、そのナフタリンで精巧な時計を作った。ナフタリンは昇華していく。目には見えないナフタリン分子は、時計のあらゆる表面からゆっくり離脱して、閉じられた空間をさまよい、あるものは壁に付着して文字通り、華状に再結晶化する。時をおいて——たとえば3週間後——展覧会を再訪した鑑賞者は、はからずも、世界から切り抜かれたパンタレイの一部を目の当たりにする。そこにあるのは、かつて時計だったものの、おぼろげな輪郭と時間の記憶である。

内面の虚空見つめた美術家の魂

イサム・ノグチ「エナジー・ヴォイド」

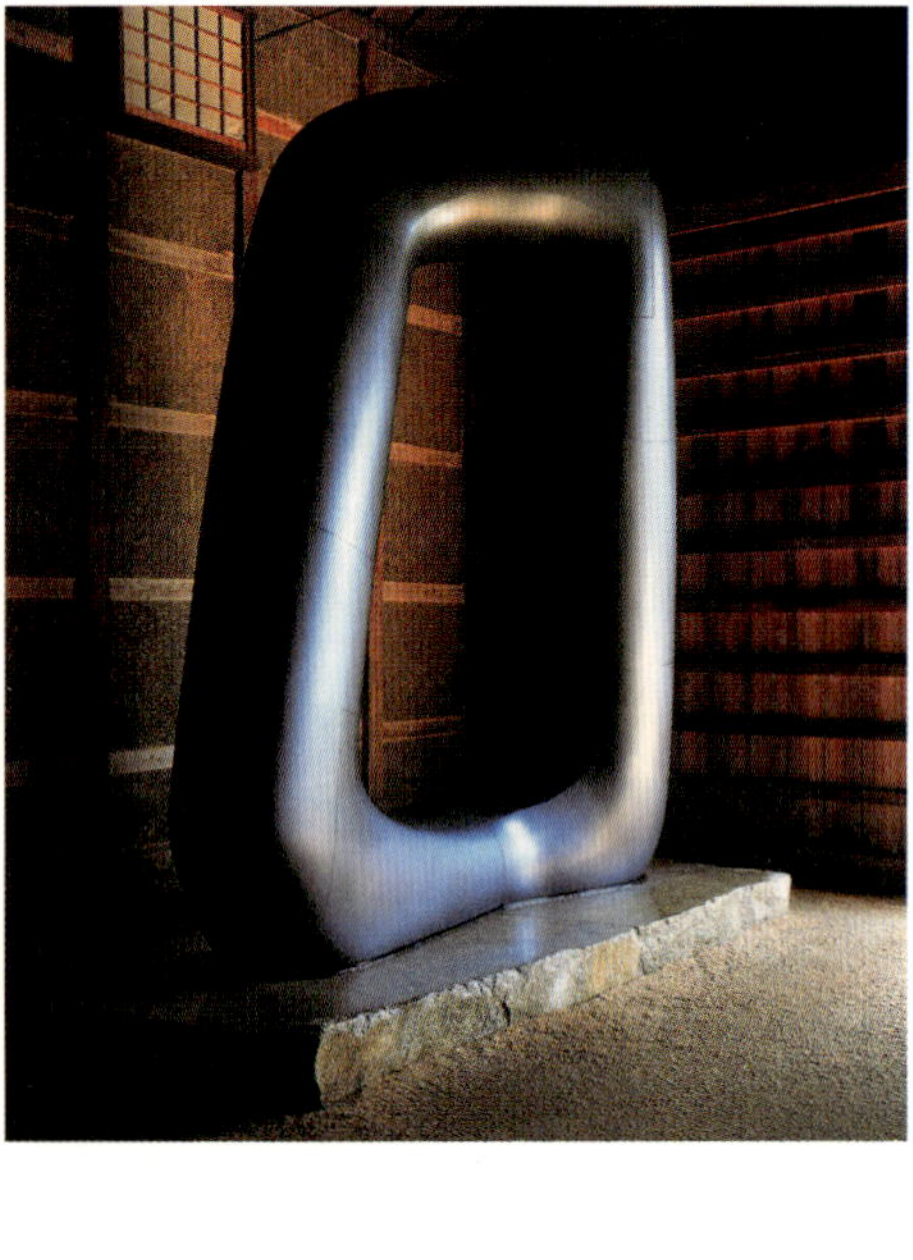

ニューヨークに暮らすと、はからずも、たくさんのそして異なる表情を持ったイサム・ノグチに出会うことができる。

ウォール街の高層ビルの谷間に、斜めに置かれた真っ赤な巨大立方体。サイコロの一の目のような穴がぽっかりと開けられている。MOMA（近代美術館）の家具のスペースにあるモダンな幾何学をたたえたテーブルと照明。かと思えば、メトロポリタン美術館の静かな日本美術フロアには、土器や仏像にまじって、不思議な手水鉢のような作品がおかれている。上面は磨かれた不等辺六角形。中央に正円のくぼみがあり、そこからたえず溢れでた水は、まず上面を均等に濡らし、ついで不揃いの側面を等しく流れ落ちていく。かすかな泉の音は、静かなこのフロア全体に通奏音のように広がっていく。

摩天楼を遠望できる川の対岸には、彼の作品を集めたノグチ美術館がある。ここを訪問したとき、パンフレットに載せられていた若き日のノグチの手による裸婦像の彫刻が目に止まった。完璧なまでに研ぎ澄まされたバランスと優美すぎる曲線の正確さに息を呑んだ。それはちょうど、訳のわからない抽象画を量産するようになる以前のピカソの見事な具象画を見たときの感覚に似ていた。そこには――このたとえはあまり的確ではないかもしれないが――圧倒的な基礎学力の厚みというものが存在していた。

彼のなかに、日本と米国、二つの祖国によって引き裂かれた自己のありかを求めてさまよう孤独な魂があったことを知ったのは、ドウス昌代の『イサム・ノグチ　宿命の越境者』

を読んだからである。日本人の父と米国人の母のあいだに生まれた彼は、日米間を行ったり来たりしながら育ち、戦争が起きると自ら志願して日系人収容所に入った。ところが日本人からは疎外され、出所を希望すると日系人であるがゆえに拒絶された。後年、彼は「エナジー・ヴォイド」と名づけられた中空の大きな環をいくつも創作した。文字通り、内部にはヴォイド＝虚空が吹き抜けているだけだ。

私たちの身体の中心にあって私たちを守り続ける免疫システムにとって、大切なのは外敵＝非自己の存在だけであり、自己自身はヴォイドでしかない。イサム・ノグチに出会うといつも私はそれを思い出す。

赤外線写真　光と影の対照

ケント・レフラー「Libe Slope, sunrise」

©Kent Loeffler

先日、研究の打ち合わせのためコーネル大学を訪問した。アイビーリーグのひとつに数えられるこの名門大学は、ニューヨーク州の北端に近いイサカという街にある。すぐ向こうはもうカナダ。あたりにはなだらかな丘陵が連なる。そのあいだに、大昔、氷河が削りとった渓谷が幾筋も残されている。地図を眺めるとそれは巨大な手が大地に残した爪あとのように見える。ゆえに谷筋の湖水はフィンガーレイクと呼ばれる。緑あふれる大学のキャンパスからは遠くに光る湖面を眺め渡すことができる。

面白かったのは、コーネルの学生たちのあいだに、〝我、ハーバードを選ばず〟という歌が伝わっていること。日本なら、東大ではなくあえて京大に行きました、みたいな感じだろうか。見えないようでいて、ちゃんと序列があり、それが自意識に反射しているのは、洋の東西を問わない。ハーバードや東大の学生はそんなことをわざわざ言わないはず。

それはともかく、大学内の書店で興味深い写真集を見つけた。ケント・レフラーが撮影した「コーネル（インフラ）レッド」（レッドはコーネル大のスクールカラー）という作品集である。写真のタイトルは Libe Slope, sunrise。

カメラのフィルターを改造し、普通はカットしてしまう赤外線（インフラレッド）をあえて取り込んだフォトグラフ。世界は不思議な光景に転換される。草木の葉緑素は赤外線を反射する。だから緑豊かな大木は、大きな輝ける樹氷に姿を変える。空の青にはほとんど赤外線が含まれていない。ゆえに青空は、群青色よりも濃い、黒い深みを持って広がる。芝生は雪原となり、木陰はより暗さを増す。光と影のコントラストが際立つ。

かくして、青空が広がる明るい朝の風景は、満月が照らす、凍てついた雪景色に一変されてしまう。つまり、赤外線写真は、限りない初夏の開放の裏側に、冷え冷えとした冬の孤独が準備されていることを教えてくれるのである。

角獣はキリストの象徴

「ユニコーン狩り」

Fine Art Images / SuperStock / amanaimages

摩天楼が林立するニューヨーク・マンハッタンは細長い島である。その一番北端に近い駅に地下鉄に乗って出かけた。ここまで来るとさすがに高層ビル群は姿を潜め、かわりに岩と灌木からなる丘陵が続く。西側の谷の向こうには広大なハドソン川の流れと対岸の荒々しい断崖が見渡せる。しばらく歩くと茂みの向こうの高台に建つ古びた建物が見えてきた。今日の目的地クロイスターズ美術館である。メトロポリタン美術館の別館として１９３０年代に建設された。建物は、フランスから移設された修道院の回廊（クロイスターズ）で構成されている。そのひとつは有名なサン・ミシェル・ド・クサ修道院の一部で、アーチ状の柱に囲まれた中庭を有する回廊構造の均整が美しい。

一生のうち一度は見ておきたい美術品というものがある。それは館内の一番奥の薄暗い部屋の壁一面に掛けられていた。細く鋭く尖った角を持つユニコーンが今や囚われの身となって円形の囲いの中に静かに佇んでいる。周りは赤、黄、青の小さな草花模様で埋め尽くされている。7枚の巨大な連作タペストリー「ユニコーンの狩り」の中の最も著名な一枚。

中世フランドル地方の織物。色とりどりの糸で緻密に編み込まれたタペストリーは制作におそらく10年を超える歳月を要した。しかし、誰が、何のために、どんな目的で作ったものなのか、なお詳らかではない。絵柄の順番も、意味も判然としない。それでもユニコーンの白い優美な姿は神々しい光を放っている。

空想上の一角獣に当時の人々は一体何を希求したのだろう。絵の前で私は長い時間立ち止まった。

後からキュレーターによるガイドツアーに参加した。彼女は7枚の絵を巡回し、狩人たちが担ぐ棒が十文字に交差していること、ユニコーンが流す血を受け止める人がいること、ユニコーンの角が水を清める作用を示していることなどを指摘した。「ここにオマージュされている物語は明らかです。キリストのイメージが隠されているのです」

摩天楼にストーンヘンジ

「マンハッタンヘンジ」

何年か前、イギリス南東部を旅したとき、道路標示を見ていたらストーンヘンジが近くにあることに気づいた。せっかくなので、名にし負うこの遺跡を見学していくことにした。映画「テス」などの印象から、大海を望む岸壁の上に屹立する奇景を思い浮かべていたのだが、それは内陸の幹線道路わきの平原に悄然と立っていた。来てみれば……という一句を思い出したが、間近で見上げると巨石の重量感はやはり圧倒的で、いったい誰が、何のために、どこからこれを運び、どうやって積み上げたのかという永遠の謎を問わずにはいられなかった。夏至の日には、中心に位置する祭壇石と、ひときわ高い石柱ヒール・ストーンを結ぶ一直線のまっすぐ延長上から太陽が昇る。

ニール・デグラッセ・タイソンは、ニューヨークのアメリカ自然史博物館の天体物理学者。テレビの科学番組にも出演し、かつて一世を風靡したカール・セーガンの衣鉢を継ぐ人気科学コミュニケーターとしても知られている。一昔前、タイソンが非常に興味深いことを指摘した。高層ビルが林立するこのニューヨークにもストーンヘンジがあると。マンハッタンの街区を形成する碁盤目の東西の線（いわゆる何丁目ストリート）に沿ってぴったり太陽が沈む日があるのだ。滞在中、私は密かにこの日を待った。果たせるかな、ふだんはビルの影に隠れて狭い空しか見えないストリートのV字形の果てにまっすぐ夕日が位置し、この時だけは薄暗いストリートの底が隅々まで黄金色の光に満たされた。名づけてマンハッタンヘンジ（嬉しいことに二回ある。夏至を挟んで5月末と7月中旬）。

自然とのシンクロニシティを求めて、ストーンヘンジが創り出されたことは間違いない。それから4000年の月日を経て、人工都市に住む私たちはなお自然とのシンクロニシティを求めている。芸術にとって、あるいはデザインにとって、自然は無限のリソースとなる。

私のデータねつ造

「マンハッタンの絵葉書」

ここ2年ほど米国に滞在し、研究留学生活を送っていた。私の文章を好んで下さっている読者の中には、私が日本にいないことを知らない人もいた。すべてはネットのおかげである。

文章を書く者の楽しみは、自分が書いたものがまとめられ、一冊の本になるとき、いったいどのような設えになるだろう、と想像することだ。装丁やデザイン、そしてタイトルにあれこれ思いを巡らせる。このほど週刊誌に寄稿していたコラムの方を本にすることにした。せっかくニューヨークに生活し、ニューヨークで書いた文章だから、何かニューヨークらしいカバーデザインがいいと考え、編集者と相談して、一枚の古い絵葉書の絵を見つけてきた。

それほど有名な画家の作品ではないが、マンハッタンの夜景を描いた味わいある作品だった。私もこんな光の粒に彩られた摩天楼のスカイラインを何度も見たなあ。このあと日本に帰ってもいつも思い出すことだろう。そんな感傷にひたりながら、本の見本を作ってみると、はたと困ったことが起きた。中空にぽっかり浮かんで雲を照らす月。この明月が真ん中すぎて、ちょうど背表紙タイトルの白抜き文字とかぶってしまうのだ。これでは肝心の書名が読めなくなってしまう！

苦慮煩悶の末、私は月を左に8センチほど動かすことにした。自分の理論や仮説にとって都合の悪いデータ点をグラフの中で移動させたり、なかったことにする……。もし、これを科学の世界で行ったら、完全にアウト、退場である。あるいはネット上で指摘され（マンハッタンでこの位置に満月は見えない、とか）たちまち炎上するだろう。でも芸術の世界なら許される？　いやそう簡単には許されない。私たちは苦労して著作権者からなんとか許諾をとった。そして最後にあえて付言するなら、一見、都合の悪いデータにこそ新たな発見の契機がある。私はその芽を摘んでしまったのかもしれない。

Ⅱ 親魏倭王の金印

時空を超えた文字の羅針盤

ロゼッタストーン

ロンドン・グレートラッセル街に聳え立つ大英博物館に行く。正面玄関を抜けて館内に入ると一挙に広々とした明るい天蓋構造と巨大な円形閲覧室を持つグレートコートに出る。グレートコートの左手の方からはざわめきが聞こえ、人だかりの気配が伝わってくる。そこにはあれが鎮座しているからだ。史上最高の文化遺産。

１７９９年、ナイル河口に駐屯していたフランス軍兵士は、遺跡の中から驚くべき石版を発見した。石版は三段に分割されており、それぞれに異なる種類の碑文がびっしりと隙間なく刻み込まれていた。上段の文字は古代エジプトのヒエログリフ。鳥や獅子、人物像などが生き生きとした絵柄で描かれており、何らかの物語を表した象形文字と考えられた。

誰もが謎めいた絵文字の意味を捉えようと挑戦したが、ヒエログリフは読まれることを固く拒んだ。暗号解読の物語が、暗号で書かれた物語を凌駕することがある。

最初の手がかりをつかんだのは、世に名高いシャンポリオンではなく、英国王立教会所属の科学者トマス・ヤングという人物だった。彼はそれまでの先入観、すなわちヒエログリフが象形文字であるという仮説を捨て、単なる表音文字である可能性を考えた。ヒエログリフの中にはカルトゥーシュと呼ばれる線で囲まれた単語が現れる。囲まれているのはそれが重要だからだろう。重要なのはそれが王の名前だからだ。下段のギリシャ文字の部分にはプトレマイオス王の名がある。ヤングはカルトゥーシュの各文字にプトレマイオスの名を一文字ずつ当てはめてみた。縺れていた糸の端に指先が触れた瞬間だった。

私はカルトゥーシュの場所を探そうと目をこらしてもう一度ロゼッタストーンを凝視した。二千年の時間を湛えた石は鈍く光っていた。

活字の聖書、知の革命起こす

グーテンベルク聖書

メトロポリタン美術館からマンハッタンを南に下って行くと街中の一角に、モルガン・ライブラリーが現れる。ＪＰモルガンの祖、ジョン・ピアポント・モルガンの個人邸と図書館からなるルネサンス様式建築で、近年、レンゾ・ピアノによるハイテク棟が増築された。

同時代に群雄割拠したライバルたち、リーマンやフリックが財にものを言わせてあらゆる絵画や彫刻を買いあさっていたとき、モルガンは一風変わったスタイルを貫いていた。彼は文字と書物が好きだった。

彼の館が、美術館ではなくライブラリーと呼ばれるゆえんだ。実際、書庫の壁には稀覯書がつみあがり、天井の高い書斎は光が抑えられ、街の喧噪を遮断して思索に耽るようしつらえてある。モルガンは　エドガー・アラン・ポーのような著名作家の自筆原稿やモーツァルトの楽譜などを集めたが、ライブラリーのお宝はなんといっても閲覧室の大きなケースの中に鎮座しているグーテンベルク聖書である。

15世紀、活字と印刷技術がもたらした文化的インパクトは計り知れなかった。知が流布され、共有され、深化され、市民をつないだ。識字率が上がり、意識が高まり、教会や貴族が知を恣意的に占有してきたことに人々は気づいた。同時に、言葉が聴覚から視覚へと分離された。大ぶりなページに整然と印字された文字列を見つめると宇宙的な幻惑にとらわれる。

ちなみに世界中でも数えるほどしかないグーテンベルク聖書が日本にも一部ある。1987年、クリスティーズのオークションに出現したものを丸善が539万ドル（約7億8000万円＝当時）で落札、と報道された。現在、慶應義塾図書館に所蔵されている。

かつての活字革命が、今、ネットの登場によって新しい形で反復されている。情報の共有による連帯と摩擦。グーグルが書籍の電子アーカイブ化をグーテンベルク計画と呼んでいるのは象徴的である。

鏡文字に込めた天才の思惑

レオナルド・ダ・ビンチの手稿

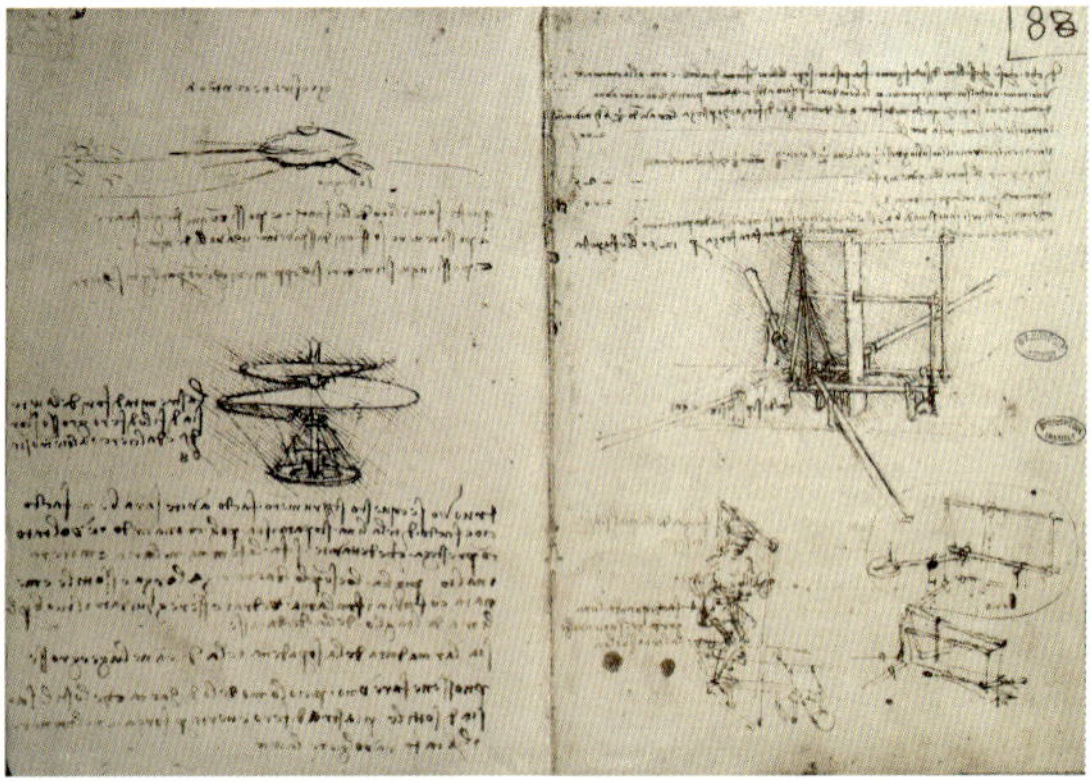

レオナルド・ダ・ビンチは万能の天才であると同時に、極度の完璧主義者でもあった。その証拠に、彼はなかなか仕事を完成させることができず、最後まで仕上がった作品は、「モナ・リザ」や「最後の晩餐」など、わずか十数点にすぎない。一方、ダ・ビンチは膨大な量の手稿《コーデックス》を残している。常にメモ帳やスケッチブックを持ち歩き、見たもの、思いついたことを書きとめていた。書くことは考えることであり、完成の必要のない自在なプロセスだった。

何年か前、六本木ヒルズの森美術館に展示されたダ・ビンチの手稿を見たことがある。レスター手稿と呼ばれるもので、所有者はかのビル・ゲイツ。その前は米国の石油王アーマンド・ハマーの持ち物だった。つまりこの手稿は時代の寵児の手を渡り歩いてきた。劣化を防ぐため暗い光に照らされて、褐色のインクがぼんやり浮かび上がっていた。ダ・ビンチの筆の特徴は、線が左上から斜め右下へと流れていることである。これは彼が左利きだったかららしい。もう一つの際立った特徴は、文字がすべて鏡文字、左右反転で書かれていることだ。

目で追うとたちまち頭が混乱してくるが、ダ・ビンチはこの鏡文字がすらすらと書けた。でも、いったいなんのために？アイデアを盗まれないよう暗号化したのだという説があるが、暗号にしては簡単に解読されてしまう。

私は、同時代人デューラーのサイの版画やグーテンベルクの聖書を思い出す。

ダ・ビンチは天才であり完璧主義者であると同時に、大いなる山っ気を持った人物でもあった。いつも自分を売り込むこと、プランやアイデアを広めることを考えていた。そのためには何が必要か。マスメディアである。ダ・ビンチの鏡文字は自分の原稿をいつの日か大量活版印刷するために意図された周到な準備だったのではなかったか。

金印、真偽の謎を超え燦然と

金印「漢委奴國王」

朝日新聞社 / アマナイメージズ

バランス、対、版画、鏡文字、印影。そんなキーワードで世界の芸術と科学の足跡を眺めてきたが、印影といえば、わが国にもたいへんなお宝がある。

それは福岡市立博物館奥の特設ガラスケース内に鎮座している。金印である。文句なく国宝。一辺23・5ミリ。もし手のひらにのせることがかなうなら、100グラムを超えるその重さに感動することだろう。

誰もが歴史の教科書で習ったとおり、金印は1784年、農民・甚兵衛が志賀島の土中からたまたま発見。貴重なものと直感し奉行所に届け出た。黒田藩の学者、亀井南冥《なんめい》はその印影から、これが、3世紀、『後漢書東夷伝』にある「漢委《かんのわの》奴国王《なのこくおう》」印であることをたちどころに言い当てた。すばらしい該博ぶりと見事な慧眼だった。南冥はこの功績で黒田藩校館長の地位を確固たるものとする。金印は代々黒田家が預かり、これが後に博物館に寄贈された。

ところが……なんとこの金印、偽物ではないかという風説がある。南冥の話は出来すぎているというのだ。

南冥は、黒田藩内のライバル学者に競り勝ち、自らのプレゼンスを一挙に高めたい野心があった。そこで書家、鋳物師、彫師などプロ集団と組んで一大プロットを仕掛けた。それが金印発見だった。そう言われてみると、長年土中に埋もれていたにしては金印には傷一つない。そもそも九州本土にあったはずの委奴国が授かった金印がどうして志賀島なんかで見つかったのか。

南冥はその後、突然、謎の失脚を遂げる。それもこの陰謀説に真実味を与える。

事の真偽を確かめる方法は科学的にはシンプルだ。金印を一部削り取り、それを元素質量解析と同位体分析にかける。すると金の由来と年代がわかる。ただし国宝にそんな毀損が許されるはずもない。かくして謎は謎のまま、金印は今も燦然と輝く。

卑弥呼が授かった金印、いずこ

箸墓古墳

「漢委奴国王」の金印に真贋論争があることは前に触れたが、金印の由来や年代を確かめることの難しさについて付け加えたい。この金印は、すでに蛍光X線分析という非破壊検査が試みられ、金の含有率が95・1%だと分かっている。

ただ、これだけでは真偽のほどはわからない。前に金印の一部を削れば金の由来や年代がわかると書いたが、金以外の微量な混入成分がわかっても、他の金製品の分析例がほとんどなく溶かし直して再利用することも考えられ、由来や年代をすぐに特定するのは難しいようだ。

ところで、日本にはもうひとつすごい金印が存在していた。いや、今もどこかに密かに埋もれているかもしれない。卑弥呼に与えられたとされる「親魏倭王」の金印である。『魏志倭人伝』によれば、3世紀の日本には女王が支配する邪馬台国があった。魏の皇帝は女王に下賜品を与えるとともに、魏に親しい倭王としてその証に印綬を授けた。印面には「漢委奴国王」に似た字体で、くっきりと「親魏倭王」と刻まれていただろう。

関西で勉強している頃、和辻哲郎を気取ってよく奈良にでかけた。桜井線に乗って南下し、巻向《まきむく》という小さな駅で降りる。すこし歩いて前方後円墳の前に立つ。巨大さに圧倒される。差し渡しは300メートル弱、高さも30メートルはある。山と言っていい。全体は深い緑に覆われており、近づく人を拒絶する。箸墓古墳である。古来、埋葬されているのは女性であり、それは卑弥呼ではないかと囁かれてきた。出土した土器片は3世紀半ばのもので、年代測定法の精密化から前方後円墳のはじまりも卑弥呼の時代と重なるとされる。宮内庁はここを埋葬者の特定をしないまま、皇族の墓所である可能性がある場所、つまり陵墓参考地として管理している。

墓の奥深くにあの金印が副葬されている可能性がある。卑弥呼は真朱を大量に下賜されてもいる。真朱とは赤い水銀化合物で当時の超貴重品。卑弥呼の遺体はきっと真朱の中に沈められているだろう。眼を閉じると、石棺が開き、燃えるような赤があふれ出てくる幻がみえた。

Ⅲ 聖女プラクセデス

顕微鏡にオタク魂

レーウェンフックの顕微鏡

撮影：小林廉宜

子どもの頃、私は虫の虫だった。ものごころつくと、少年は、ロボット・鉄道・プラモデルといったメカ系に行くか、虫・魚・化石といった自然系に行くか、いずれかの道をたどるものだが、私の場合、気づいたときには虫だった。理由はない。ただただその色彩やフォルムの妙に惹かれた。あるとき親に顕微鏡を買ってもらった。当時、百貨店に売っていた教育用の普及品である。それでも驚くべきミクロな世界が垣間見えた。蝶の翅に整然と並ぶ青と緑の鱗粉。精密工具で穿ったような甲虫の背の穴。さて、何かを知るとその源流を探りたくなるもの。いったいどこの誰がいつ、顕微鏡などというすばらしい装置を発明したのだろう。その人は最初に何を見たのだろう。

図書館で『微生物の狩人』という本を見つけ、アントニ・レーウェンフックという名前を知った。17世紀の初め、オランダはデルフトに生まれた人だった（この出会いが後に、私をフェルメールに導くのだが、それはまた後ほど）。少年の心を鼓舞したのは、レーウェンフックが、偉い学者ではなく、もの好きなアマチュアのオタクだったこと。自分でレンズを磨き、自作で顕微鏡を組み立て、ありとあらゆるものを覗いてみた（ずっとあとになって、故・多田富雄がその詩の中で「近目のオランダ人の仕立て屋が……」と詠っているのを読んだ。彼もレーウェンフックが好きだったのだ）。

その顕微鏡は、現代の顕微鏡とは似ても似つかない。靴べらか留め具に見える。しかし彼はこれで、昆虫の細部の構造、水中に棲む単細胞生物、血管を流れる血球、あげくには精子までを人類史上初めて発見した。そうそう、少し前、レーウェンフックの顕微鏡のひとつがクリスティーズのオークションに登場した。落札価格はなんと約4000万円！ 文明史上、ほんもののお宝である。

地理学者の夢

フェルメール「地理学者」

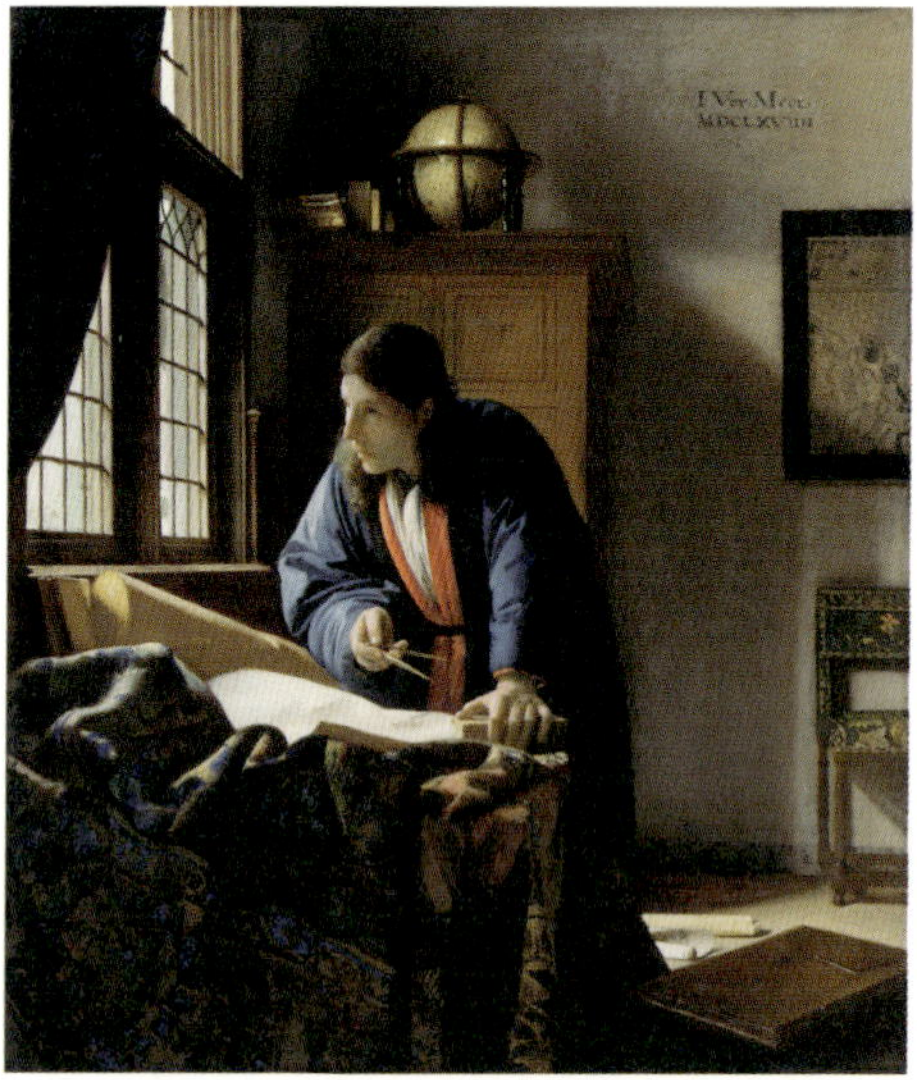

蝶の翅。色とりどりの鱗粉。顕微鏡の世界。アントニ・レーウェンフック。17世紀のオランダ・デルフト——と探求の歩を進めた私は、そこでヨハネス・フェルメールを知った。レーウェンフックと同じ年に同じ町に生まれた。レンズを磨き、顕微鏡を手作りしたレーウェンフック。片や、光学装置を用いて正確な遠近法による像をキャンバスに写しとったフェルメール。二人の親密な関係を立証する文書的な証拠は現存していないが、絵画的な手がかりならある。それがフェルメールの作品「天文学者」と「地理学者」だ。絵の題は後世につけられたもの。ここに描かれた地球儀や天球儀、書物や小物はすべて当時ですら骨董品で、プロの〝学者〟の持ち物ではない。アマチュアのスノッブ趣味の品々だ。

そして絵にはそれぞれ１６６８年と１６６９年の作製の年記がある。これはフェルメール作品として極めて稀なこと。ひょっとすると依頼者たっての希望ではなかったか。この年、レーウェンフックはデルフト市公認の測量士試験に合格した。新たなキャリアを踏み出すまさにそのときだった。

「地理学者」が手にしているのは測量士の商売道具ディバイダー。二人は、同じ寺子屋に通う幼なじみであり、同じ光学的な現象に興味を持つ親友――アントニとヨハネスと呼びあうような――ではなかったか。カメラ・オブスクーラという針穴写真機に似た光学装置をフェルメールにもたらしたのはレーウェンフックでは？

17世紀、ちょうど「地理学者」の部屋に鮮やかな光が射し込むように、二人は新しい科学の時代の光を感得していた。そんな風に私は夢想する。

「地理学者」はドイツ・フランクフルトのシュテーデル美術館にある。私はいつも飛行機のトランジットに余裕があるときは、ここに立ち寄り、絵を眺め、問いかけてみる。もちろん答えはない。

観察スケッチ描いたのは……

レーウェンフックの観察記録

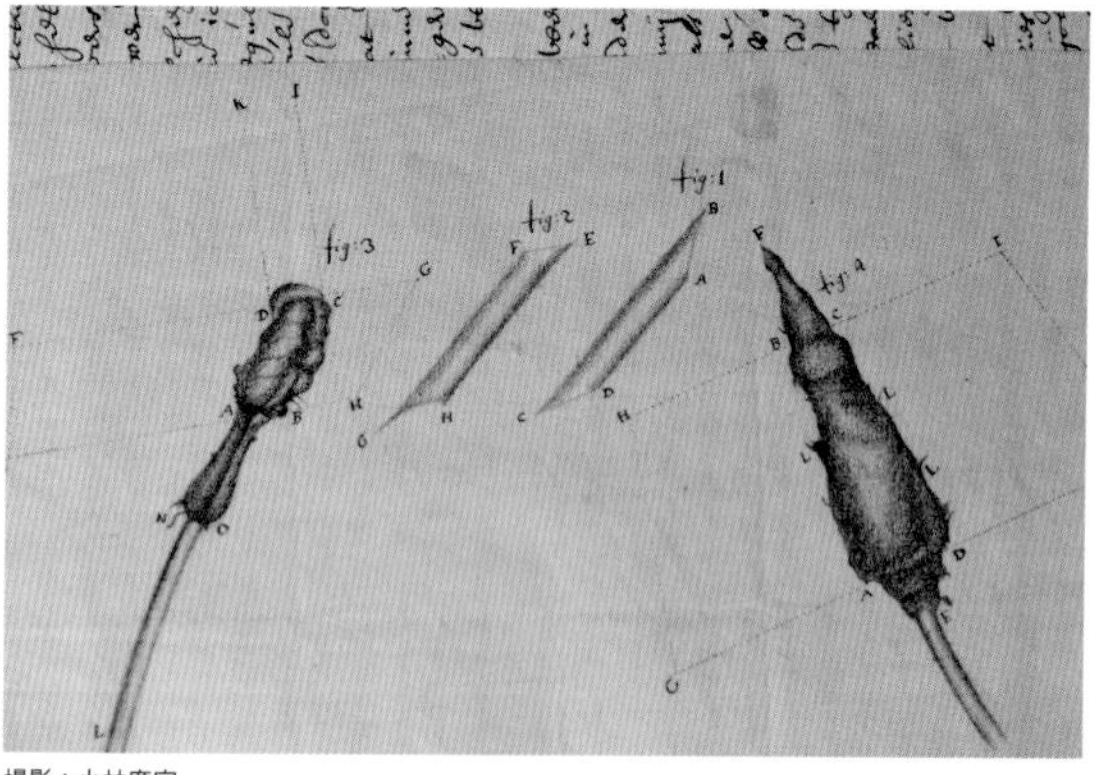

撮影：小林廉宜

その日、私はロンドンの王立協会の書庫を訪ねた。王立協会は17世紀半ばに設立され、いまも続いている世界最古の学会組織。顕微鏡の始祖アントニ・レーウェンフックの観察記録はここに秘蔵されている。レーウェンフックは最初、自分の発見を公表することに難色を示していた。自分はアマチュアだし、人からあれこれ批判されたくないと。しかし一旦、王立協会に記録を提出しはじめると怒濤のように送り続けた。自分のコレクションを隠しておきたい一方で、自慢したくてしょうがない。オタクの心理である。

何百ページにも及ぶ手稿と観察スケッチ。私はその実物を見て息を飲んだ。昆虫のかぎ爪。毛根。動物や植物の組織断面。いずれも完璧なまでに精緻で美しい。科学的という以上に芸術的なのだ。レーウェンフックは正直にこう記している。「自分で上手に描くことはできないので、熟達の画家に依頼したのです」と。つまりこのスケッチは、顕微鏡の面白さを共有できるような親しい関係にある絵師の手によるものなのだ。それはいったい誰か。私はすぐにひとりの名前を思い浮かべた。しかし、そんなことがありえるだろうか。フェルメールは素描やデッサンを一点も残していない。彼のタッチや画材を今、知ることはできない。

しかしレーウェンフックの記録を丹念にたどっていくと不思議なことに気づいた。ある時点を境に顕微鏡スケッチの絵が急にへたくそになっているのだ。どうやら画家が交代したらしい。境とは1675年。この年の暮れ、フェルメールは

43歳で亡くなった。原因は不明だが、この若さなら急死だったのではないか。以前、王立協会の総裁ポール・ナース卿に会う機会があった。ノーベル賞学者である。そこで私はこの「仮説」をこっそり伝えてみた。彼は目を見張って驚いて言った。ほんとうなら凄い！　と。

競売に出た、まだ見ぬ「聖女」

フェルメール「聖女プラクセデス」

ちょっとした特ダネをつかんだ。世界に37点しか現存していないフェルメール作品のうちのひとつ、「聖女プラクセデス」がなんと売りに出されるというのだ。2014年7月上旬、クリスティーズのオークションに姿を現した。

フェルメールファンとしてフェルメール巡礼を続けてきたが、私が自分に課したルールは、所蔵美術館に直接おもむいて、その場所で作品を鑑賞するということだった。美術館がある街の光や風を感じながら、あるいは作品がその場所にたどり着いた来歴に思いを馳せつつ美をめでたい、つまり文脈の中で絵を捉えたいと考えたからだった。

このルールのもと、世界各地を旅して、ほとんどすべてのフェルメール作品をじっくりと楽しんできたのだが、「聖女プラクセデス」だけはこの夢が果たせないまま、未見の作品となっていたのだった。なぜかといえば、この絵は美術館所蔵ではなく、個人が秘蔵していたからである。

この絵はフェルメールがごく初期に描いたとされるもので、まだ彼は自分の行くべき道を模索している最中だった。聖書や神話に題材をとった数作のひとつで、フェルメールの模索の過程を知る上で重要な作品となっている。

その個人とは、ジョンソン・エンド・ジョンソンの創始者一族の未亡人バーバラ・ピアセッカ・ジョンソンという人物であることを知った私は、フィラデルフィアにある彼女の財団や関係者に何通も手紙を書いて、見せてほしいと懇願した。一説にはモナコにある彼女の邸宅内に飾られているという。しかし答えはぴしゃりとした「ノン」だった。

それがなんとマーケットに出てくるのだ。バーバラさんが亡くなり遺族が売却を決めたらしい。いったいどれくらいの値がつき、誰の手に落ちるのだろう。その行方がどこになろうと——モナコだろうが、マカオだろうが、トーキョーだろうが——もちろん私は出かけていくつもりである。

色褪せた名画の背景にある哲学

フェルメール「絵画芸術」

ウィーンのマリア・テレジア広場。自然史博物館に対面して建つのが美術史美術館である。外観は同じなのに、建物の内部は対照的だ。質実なつくりの自然史博物館にくらべ、美術史美術館の壮麗さは際立っている。精巧な彫刻がちりばめられた大天井は黄金色に輝く。頂点は丸くくり抜かれさらに高いドームへと開口する。大理石でできた中央の大階段。側面にはクリムトによる装飾画がはめ込まれている。

いくつもの部屋を抜けて奥に向かう。そこにフェルメールの「絵画芸術」があるからだ。私はこの作品の図版を美術書やカタログで飽きるほど眺めていた。だから早くオリジナルが見たい。この絵にはさまざまな企みが仕組まれている。画家が女性のモデルを立たせてまさに絵を描きはじめている。

その後ろ姿の画家はフェルメール自身に他ならない。凝った服装の彼は真っ白なキャンバスにデッサンも下絵もなく、いきなり女性が頭にかぶった月桂樹の冠から筆を入れている。女性の手には分厚い歴史書。壁には世界に版図を広げつつある激動期のオランダ地図。豪華なシャンデリア。高価そうな緞帳。

フェルメールは、来客に対し自らの力量を誇示するため、生涯、この絵を自分のアトリエに置いていたという。そんな彼の自信作をこの目でじっくり見たかったのだ。小さな展示室に入ると絵があった。私は一瞬たじろいだ。すばらしかったからではない。予想していたものより、ずっと地味で、ぼんやりくすんですら見えた。鮮やかな緑色だったはずの冠は、褪せて灰色になっていた。

美術館の修復担当の女性はこう話してくれた。「古い絵の修復にはたいへん難しい問題が含まれています。私たちは解釈をしないよう自制しています。時間とともに失われたものを取り戻すのではなく、これ以上、劣化することをできるだけ防ぐこと。そして経年変化をありのままに受け入れること。時間に対するこの考え方は、私たちの街ウィーンのフィロソフィーと言ってもいいかもしれません」

注がれた牛乳は途切れるか

フェルメール「牛乳を注ぐ女」

生命を捉えるとき、私がキーワードとしているのは「動的平衡」という概念である。たえず合成しつつ、常に分解し続ける。この危ういバランスの上にかろうじて成り立っている秩序が生命現象だ。恒常的に見えて、二度と同じ状態はない。大きく変動しないために、いつも小さく変わり続ける。動的平衡は決して新しい考え方ではない。有名な方丈記の冒頭の一文、「ゆく河の流れは絶えずして、しかももとの水にあらず。淀みに浮かぶうたかたは、かつ消えかつ結びて、久しくとどまりたるためしなし」を引くまでもなく、この世界観は、私たちの文化史の中に繰り返し現れている。

この世界に存在する基本的な原子の総量はほぼ一定である。それは文字通り、あるときは結合し、また別のときには切断され、ぐるぐると環境中を回り続けている。そしていっとき、私の身体を構成し、次の瞬間、自然の中に拡散していく。そしてまた次の何かに宿る。明治期、ジャーナリストの草分けとして鳴らした宮武外骨はこんな面白いことを書いている。「地球の水量は古今同一、ただ日夜転換し居るのみ、故に一椀の白湯中には嘗て弓削道鏡の淫水となり紫式部の小便となりし事ある微分子も含有し居るならん」（滑稽新聞　第122号）

まさにそのとおり！　北斎の見たきりふりの滝は、ライトの落水荘の下を急流となってくぐり抜け、あるいはそこには、ずっと昔、フェルメールがその絶妙な筆で描いた細いしずくの流れが含まれているかもしれない。細い滴りは、絶えることなく、らせんをあやなしながら今も落下し続けている……これこそ動的平衡である。ちょっと得意気に言ったら、とある人からこう指摘された。「壷の中に白い水面が見えないでしょ。次の瞬間、流れは途切れるのです」フェルメールに一本とられたかも？

ダリにもまた科学者の心

サルバドール・ダリ「フェルメールの〈レースを編む女〉に関する偏執狂的＝批判的習作」

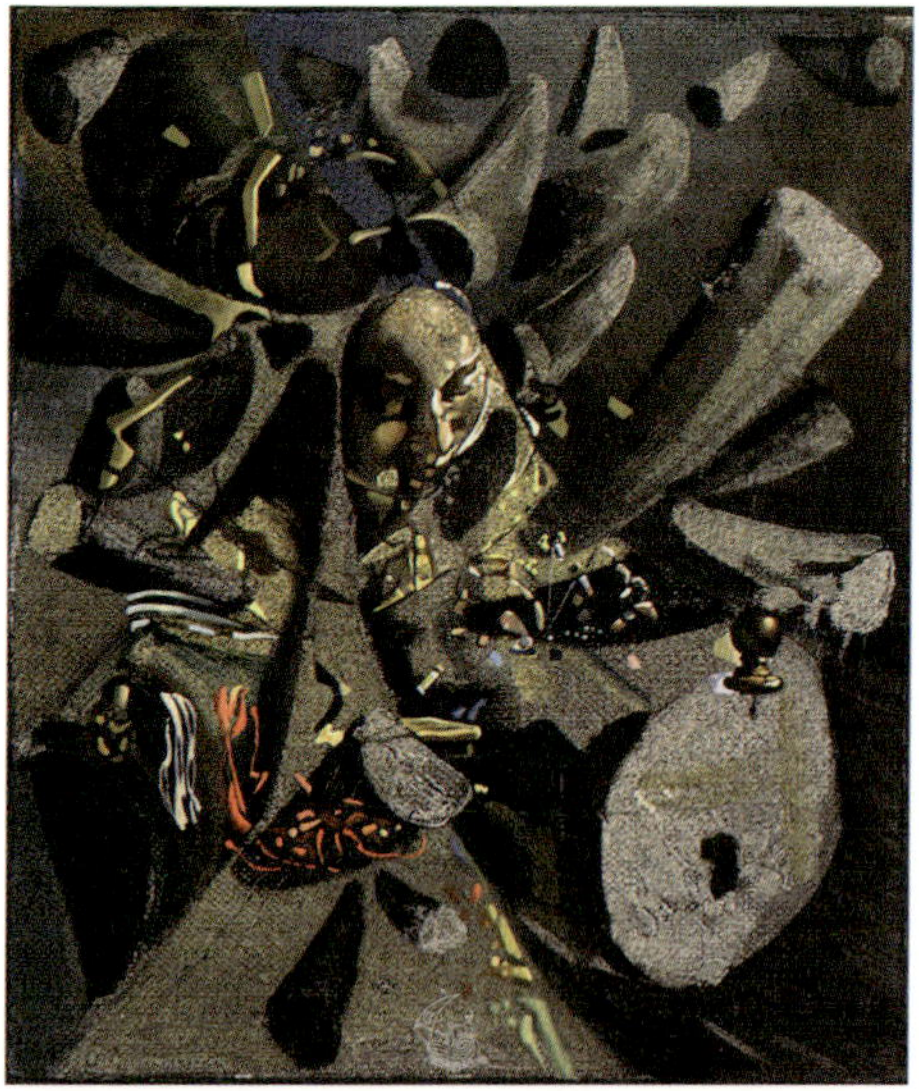

科学者にとってときにアートの心が必要であるように、芸術家にもサイエンスの解像度が求められることがあると思う。顕微鏡で細胞の薄い切片を観察するとき、生物学者の頭の中にはみずみずしい果実のような球体の三次元的なイメージが描き出されている。片や、誰かがナイフで傷つけられるとき、作家の心には外科医の冷静さが宿っているかもしれない。

そういえば、スペインの映画監督ルイス・ブニュエルは若い一時期、解剖学者ラモニ・カハールの研究室で学んだ経験があると聞いた。カハールは顕微鏡であらゆる細胞を探求し、今日の神経科学の基礎となるニューロン説を唱え、ノーベル賞を受賞した大学者である。ブニュエルの映画の中で、眼球にカミソリを入れるショッキングなシーンがあるが、ひょっとすると彼はカハール研究室で来る日も来る日も細胞をそぎ切りにする作業を命ぜられていたのかもしれない。そう思って「アンダルシアの犬」（1928年）をもう一度眺めていたら奇妙なシーンに気づいた。本のページが風でめくれ一瞬だけ絵が見える。それはなんとフェルメールの「レースを編む女」なのだ。ここには一体どんな意味が込められているのだろう。

思えば、フェルメールほど科学者的なマインドを持って絵を描いた画家もいなかった。三次元空間をありのまま二次元のキャンバスに写し取りたい。あらゆる最先端技術を使って。これは科学的探求以外の何者でもない。その結果、彼は焦点深度のずれやレンズ視野周囲のにじみまで正確に描きとめた。

ここに掲げたのはサルバドール・ダリによる「レースを編む女」へのオマージュ「フェルメールの〈レースを編む女〉に関する偏執狂的＝批判的習作」。彼はよほどフェルメールのことが好きだったのだろう、繰り返し自作の中に引用している。シュルレアリスム、ある意味でSF的な世界を精密に描き続けたダリもまた科学者の心を持った芸術家と言えるのではないだろうか。

カプランさん来る

フェルメール「ヴァージナルの前に座る若い女」

今日、スレッドといえばネット掲示板のトピックスを指す。何か事件が起きると次々とスレッドが立つ。しかし元々は織物を構成する糸のこと。そこから同時進行する複数の事象をスレッドと呼ぶようになった。これを知ったのは「スレッドカウント」について読んだからである。「ヴァージナルの前に座る若い女」、はフェルメール最晩年の作とされつつも、長い間、真筆論争が続いていた。決め手となったのがスレッドカウント（糸の数）だった。絵が描かれた麻のキャンバスの織りを解析し、1センチあたり何本の糸が使われているかが調べられた。その結果、驚くべきことが判明した。もちろん布地なので粗密がある。スレッドカウントの粗密の分布が、なんとルーブル美術館に所蔵されるフェルメール屈指の傑作「レースを編む女」のキャンバスとぴたりと一致したのだ。

つまり二つの絵のキャンバス地は、同一の布から切りだされている！

絵の具の材料や微粒子の分析なども合わせて、フェルメール作と結論づけられた絵は、サザビーズのオークションに登場するなり数分で30億円以上まで値段が上昇した。競り落としたのはラスベガスのホテル王ウィンだった。しかしほどなくして絵は転売された。とぎれとぎれの糸を辿って行くと、絵の行方はニューヨーク在住の富豪のもとにあるという噂に行き着いた。それは本当だった。富豪の名はトム・カプラン。金や銀鉱山の投資で財を成した正真正銘のビリオネア。

一方、私はニューヨーク・ソーホー地区のギャラリーでリ・

クリエイト・フェルメール展を開催しようとしていた。デジタル再生した原寸・原色のフェルメール全作品を一堂に年代順に並べるという企画。最後を飾るのはカプラン氏の絵だ。私は思い切って彼をオープニングに招待することにした。こんな色モノに、本物の所有者が果たして興味を示してくれるだろうか？　ところがである。来てくれたのだ。「面白い。福岡さんのフェルメールに対するオマージュとエンスージアズム（熱意）に心から敬意を表します」とまで言ってくれた。ニューヨークに来て以来、最高にうれしい瞬間となった。

マイ・フェルメール・デイ

「聖プラクセデス」を使った国立西洋美術館のポスター

国立西洋美術館　常設展ポスター

少年の頃私は根っからのナチュラリストだった。蝶や甲虫はもちろん、鉱物、化石、結晶などにも心惹かれていた。反面、他の友だちが夢中になっていたクルマや鉄道、ロボットなどには全く興味がわかなかった。だから上野の駅の改札を出て道をわたると一目散に右手の方に駆け出して国立科学博物館を目指した。当時の私は科博の隣にあった低層の建物にほとんど関心を払うことがなかった。後に前庭にある黒い彫像はかのロダンの名作「考える人」と「地獄の門」であることを知り、建物自体が日本にある唯一のル・コルビュジエ作品であることも知った。が、その内部にある古い西洋絵画の中に、私の心を惹きつけてやまないものが加わるとは思ってみたこともなかった。

2015年3月半ば、西洋美術館のホームページにさりげない告知が出た。「17日より、当館常設展（本館2階）にて以下の作品を新規展示いたします。ヨハネス・フェルメールに帰属《聖プラクセディス》1655年（寄託作品）」

えええええっ！　驚天動地とはまさにこのことである。米国の富豪の未亡人バーバラ・ピアセッカ・ジョンソンが秘蔵していたこの絵。何度、お願いしても見ることがかなわず、バーバラが亡くなってオークションに出品され、匿名の人物が落札した。チャイナ・マネーが買ったと噂されていたが……。

とるものもとりあえず、私は上野に駆けつけた。今回ばかりは科博は眼中にない。「聖女」は静かな展示室の奥に超然と跪いていた。大ぶりな絵。額も重厚だ。鮮やかな赤のドレス。空は青い。十字架を抱いた手が絞った布地から血が滴っている。背後には処刑された男。聖女は超然とした表情を浮かべている。

作家をめぐる議論に配慮して、西美は慎重にも「帰属」と表示している。確かに他のフェルメールの作品とは趣を異にするが、同時期の作品と並べてみると類似性がよくわかる。空の青にはラピスラズリが使われていて、署名と年記（1655年）まであるのだ。だから私はこの絵がフェルメールの真筆だと確信している。私はこの絵を購入してくれた匿名の日本人に心の底から感謝したい。これまで欧米にしか点在していなかったフェルメールの巡礼地に東京が加わった意義は計り知れないくらい大きい。聖女にいつでも会いにいける。何度でも細部を確かめることができる。3月17日はマイ「フェルメールの日」に決定。

リアルな細部がシュールさ生む

池田学「予兆」（２００８年）

撮影：久家靖秀　株式会社サステイナブル・インベスター蔵
©IKEDA Manabu, Courtesy Mizuma Art Gallery

〃Tim's Vermeer〃(邦題「フェルメールの謎」)という映画がある。ティムはフェルメールオタク。バッキンガム宮殿奥深くに秘蔵されている傑作「音楽の稽古」に魅了され、この絵がどのように描かれたのか、その謎に挑戦する。

フェルメールは、当時、カメラ・オブスクーラという光学装置を使って三次元空間を二次元に写しとったとされている。ティムはこの仮説をあっさり却下し、独自の方法を思いついた。歯医者が使うような棒付き鏡を使って、部屋の様子を鏡面に写し、それをキャンバスの表面において、鏡とキャンバスを見比べながら、全く同じディティールを絵筆で写しとり、あたかもモザイクをはめていくように部分部分をつないでいく。映画ではその丹念な作業の末、ついにホンモノそっくりの「音楽の稽古」が完成するまでが描かれる。

私はこの映画を見たとき、同じフェルメールオタクとしてティムのフェルメール愛に満腔の敬意を表するものの、方法に関しては、ちょっと違うのではないか？　と感じた。完成までの早回し映像にも何かトリックがあるような気がした。もし細部の正確なディティールをつないでいっただけであるなら、決してフェルメールのような絵にはならない。なぜならフェルメールの絵には常に鳥瞰的な視座があり、そこから遠近法の線が引かれ、光の公平な配分がなされているからである。

池田学は、法廷画家の経験を持つユニークな現代作家だ。

サインペンだけで細部を稠密に描き、これを膨大につなげて大作をものする。細部にこだわるあまり一日10センチ四方も進まないこともある。「予兆」では、葛飾北斎を思わせるすさまじい大波の中に、あらゆるものが飲み込まれている。しかし細部に目を凝らすと、雪山のリフトで遊ぶスキーヤーや子連れの若夫婦の日常（本人らしい）などがユーモラスに描きこまれていることがわかる。震災前に描かれたこの予言的作品は、しばらく公開されることがなかった。

ここにあるのは、細部のディティールをつなぎ合わせると、作品は写真的なリアリティからむしろ遠ざかり、よりシュールなものに接近せざるを得なくなるという事実の、端的な証拠である。

Ⅳ 右手と左手

染色体の手品解き明かす

染色体と細胞分裂

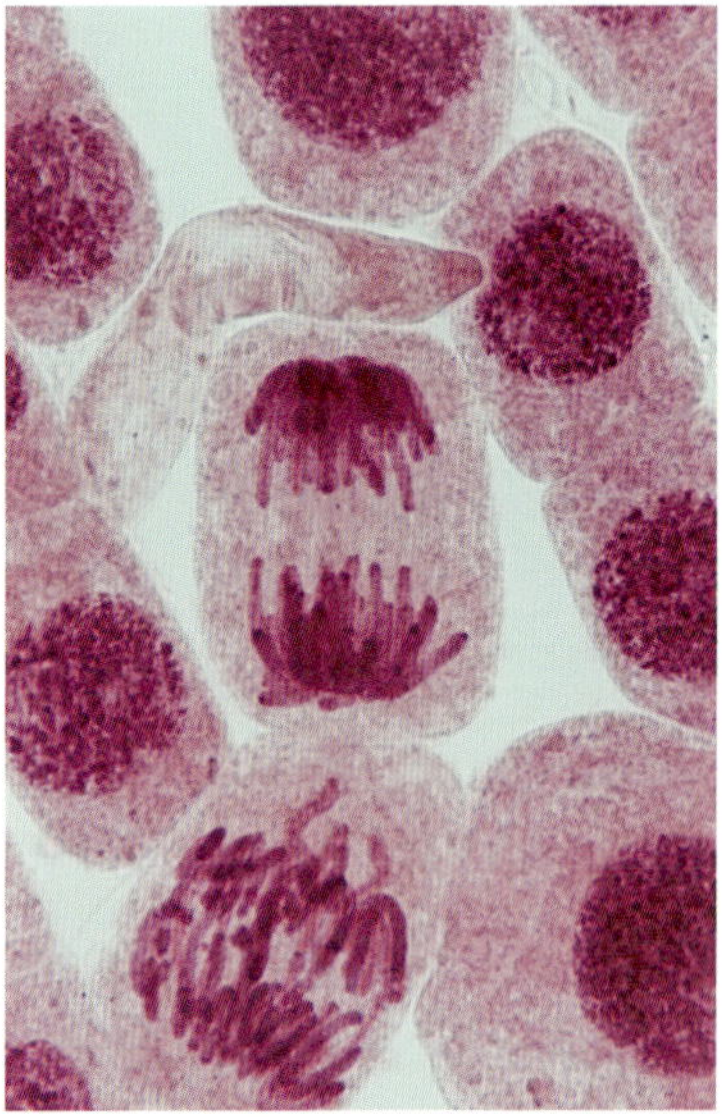

ロンドンにある王立協会の総裁ポール・ナース卿の名前がフェルメールの頁で出てきたのでぜひ触れておきたい。彼のなしたことは、ある意味で、20世紀最高の科学的達成だった。

生命は常に増殖しようとし、細胞は分裂してその数を増やす。先人たちは後にDNAが発見される前から、細胞内部に、縮れた毛糸くずのようなものを見いだし、それに染色体という名を与えていた。細胞分裂に先立って、染色体は複製され二倍に増える。増えた染色体は、それこそ絡まった毛糸の塊のようになって、細胞の真ん中あたりに浮かんでいる。

顕微鏡でのぞいていると、このあと実に驚くべきことがおこる。毛糸の塊がするするとほどけバラバラになる。そして細胞に北極と南極があるとすれば、その二極に向かって、見えない蜘蛛の糸で引っ張られるように、毛糸の塊は完璧に二等分され分配されるのだ。

それはまるで名うての手品師が、トランプの札を何度もシャッフルしたあと、二つの山にわけてみせるとあら不思議、一方に黒札だけが、他方に赤札だけが集められているような、そんなアーティスティックなまでに鮮やかな手際なのである。染色体が正しく分配されるとまもなく細胞は二つに分裂する。

ナースはこの手品の謎に挑んだ。自然のいたずらで、細胞分裂がうまく進行しないケースをたくさん集めてきた。それを整理し、分類し、根気よく原因を突き止めていった。地道な作業は次第に実を結んだ。こうして細胞分裂——生命の根幹を支える大伽藍——に一条ずつ光を当てていった。それは見事な構造と力によって支えられていた。正確な時を刻みながら。分裂のリズムを発生する仕組みも見つかった。2001年ノーベル賞受賞。

いうなれば、ナースは、科学の中に芸術を見いだし、その芸術を科学の言葉で解いてみせたのである。栄達を極めたはずなのに彼には偉ぶったところが一切ない。

結晶の美に迫ったパスツール

ルイ・パスツール

水の中に溶けている多種類の分子はふつう自由にランダムに運動しているが、特殊な条件——温度が下がるとか、水が蒸発して濃度が上がるとか——が与えられると、同一の分子同士が集合し、規則正しくきちんと稠密に積み重なる。ちょうど、ごちゃまぜの硬貨をよりわけて、十円玉のロール、五十円玉のロール、百円玉のロールがそれぞれ作られるように。

これが結晶である。硬貨のロールなんかよりずっとかっこいい。結晶はそれを構成する分子の特性に応じて、幾何学的立体構造を作り出す。水なら六角形。塩なら立方体。あるいはデューラーの版画の中に描かれているような多面体。

19世紀中頃、フランスの科学者ルイ・パスツールは、その形の美しさから結晶の生成プロセスに魅了された。実際の結晶のほとんどはごくごく小さい。だから彼は顕微鏡で長い時間、丹念に観察した。結晶は微小な氷砂糖のように見えた。

あるとき彼は気づいた。どれも同じように見える結晶は、しかしよく見ると違う。最初はどう違うかうまく言い表せなかった。

結晶をさらに見つめていてはっとした。結晶には二つのタイプがある。似てはいるが、二つは決して重ね合わせることができない。まるで右手と左手のように。つまり互いに鏡に映った関係にある。

パスツールの発見は、分子の鏡像性という科学上の大きな概念に発展していく。2001年のノーベル賞は、右手と左手を如何に分けるかをあみ出した野依良治に与えられた。

パスツールはこう言った。Chance favors the prepared mind（発見のチャンスは準備された心に降り立つ）。準備された心とは、何かをよく知っていることではなく、むしろ既存の知識や概念にとらわれない心、つまりオープン・マインドのことである。

DNA対の構造を愛する

F・クリックのDNA構造スケッチ

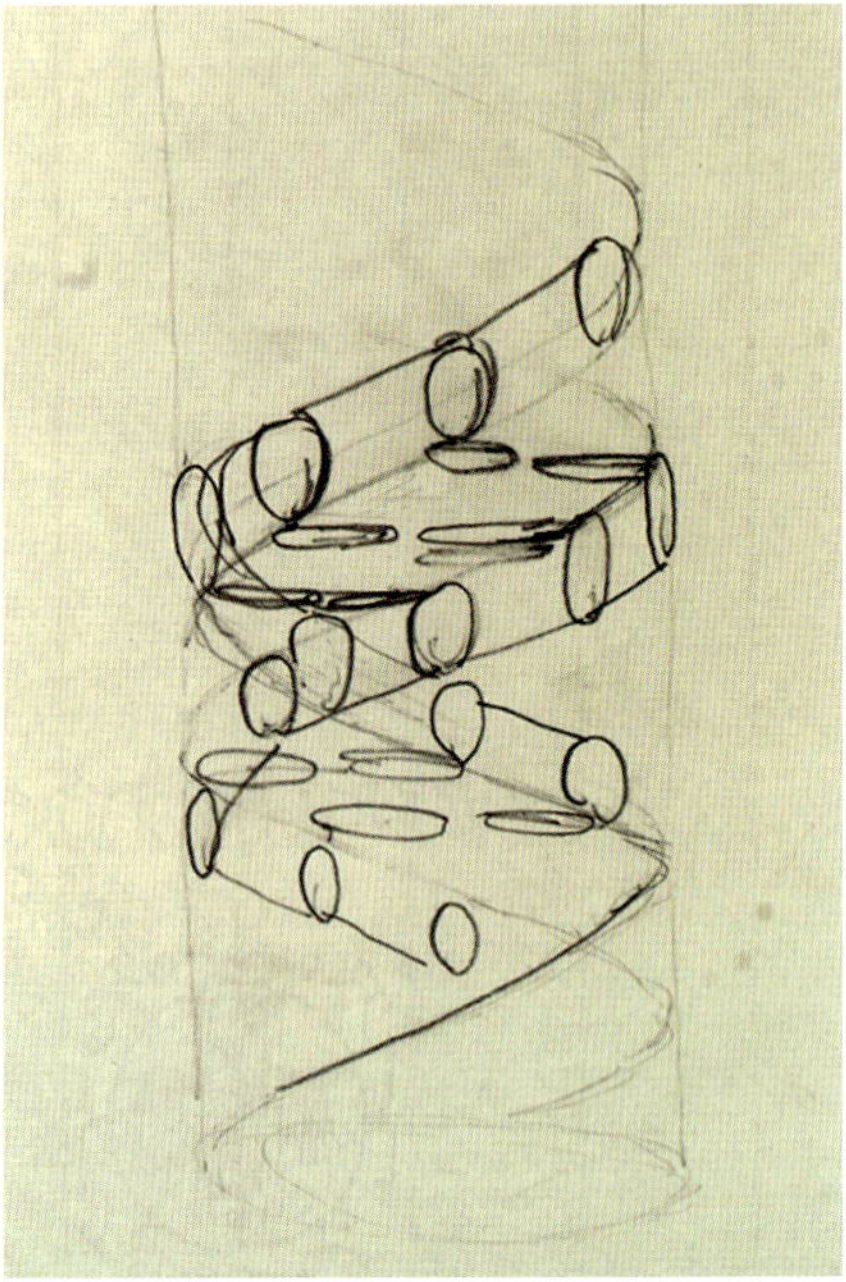

対《つい》ということに関して、すこし考えてみたい。20世紀最大の発見のひとつは、DNAの二重らせん構造の解明だった。これを成し遂げたF・クリックは当時37歳、J・ワトソンはわずか25歳だった。今から見ると無名の新人の、それこそ一発屋的な達成だった。どうしてDNAの秘密に気づけたのですか、と問われてワトソンはこう嘯いてみせた。「だって、自然界において、大切なものはすべて対になっているじゃないか」

二重らせんの二重とは、二本のDNA鎖が、ちょうどポジフィルムとネガフィルムのように、互いに他を補いあって結合している、ということである。フィルム上の画像が遺伝情報だ。ポジがあればネガが、ネガがあればポジが作れるので、二重らせん構造とは、そのまま自己複製のしくみ――生命現象の根幹――を指し示していた。つまりＤＮＡの美しさとは、構造が機能を全く過不足なく体現しているところにあった（ＤＮＡ鎖の対が、さらにラセン状構造を採っていることについては、細胞内の狭い空間に、如何にコンパクトに長大なＤＮＡを格納するか、という難問に自然が見事に答えた唯一解だったのだが、それはまたいずれ）。

天と地、善と悪、内と外、右と左、男と女、確かに自然界において、大切なものはすべて対として拮抗し、あやうく平衡を保ち、またあるときは相補いあう。

無邪気な直感が正鵠を射抜いていたワトソンに比べ、クリックの方はもう少し耽美的だった。彼はＤＮＡの二本の鎖が、単により合わさっているのではなく、互いに逆向きに対合しているということに——ちょうど二頭の蛇が互いに相手の尾を咬んでいるごとくに——いち早く気づき、この事実をことのほか愛していた。クリックの鉛筆が描き出したさりげないカーブには、一種、自己陶酔に似た揺れのような何かが含まれているように見える。

一対の蛇、均衡・互恵の象徴

一橋大学の校章

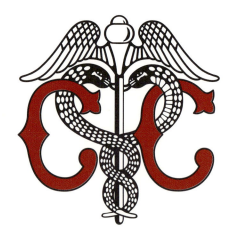

美しいＤＮＡの二重らせん構造の例えとして、これを二頭の蛇が絡まりあっている様子、と説明してみたのだが、実は、一対の蛇が均整をとって互いに巻きついているというイメージは、ワトソンとクリックによるＤＮＡの二重らせん構造の発見（１９５３年）よりもはるか以前から人類の文化史の中に連綿と表現されていた。

かつて私が学んだハーバード大学医学部の付属病院のマークも二頭の蛇のラセンを図案化したものだったし、ロックフェラー大学の図書館にも天井にも、この文様がいくつも彫られている。日本にもある。たとえば、一橋大学の校章、あるいは防衛医科大学の校章がそうだ。

いったいこのシンボルが意味するものは何だろう。ハーバードにいた頃、気になって教授に尋ねたことがある。「ああ、あれはカドケウスだよ」何でも知っている老賢者はそう教えてくれた。ラテン語のカドケウス（ギリシャ読みでは、ケーリュケイオン）とは、ギリシャ神話の神ヘルメスの持ち物。その柄に二頭の蛇が巻きついた杖で、ときに双翼を上部に戴く。ヘルメスは、雄弁、学問、発明、技芸の神であり、旅人や商人の守護者でもあった。

対となった蛇は、交易や交渉、あるいは均衡や互恵を象徴するものだったのかもしれない。そうであれば、やはりここでも対構造は、世界のバランスをはかるシンボルとしてある。DNAの秘密を、人類は早くもギリシャの時代から先験的に知っていたのだろうか。いや、むしろ科学とは、自然や宇宙について私たちが古くから何となく感得していたことを、より解像度の高い言葉で再発見する営みである、と言えるのかもしれない。そんなとき、科学の言葉はすとんと私たちの胸に落ちる。

雌雄のトンボが描くハート形

トンボの交尾

二頭の蛇がらせん状に絡まりあう意匠は、古くから伝わるカドケウスと呼ばれるものだ、と教えてくれたハーバードの老教授はこんな風にも言った。でも、もし二頭の蛇が雄と雌だとすれば、このシンボルは別の意味を帯びる、と。

そう。そこには、対がもたらす相補的な作用によって、新たに生み出される創造のイメージを読み取ることができる。対は、力の均衡だけを示すのではなく、対による相乗作用、再生産、あるいは新しい豊穣さのシンボルでもある。

昆虫少年だった私はふと思い出す。

対になったトンボ。細く青く光った身体を連結したまま、秋空をつーい、つーいと飛んでいく。どちらが雄で、どちらが雌かご存知だろうか。前にいるのが雄で、後が雌。二匹はとてもアクロバティックな形をしている。

雄は胴体を「つ」の字型に曲げて、尻尾の先で雌の頭部を捕まえている。雌は首根っこを押さえられた形のまま、自分の胴体を「し」の字型に屈曲させてその先端を雄の胸のあたりにくっつけている。

雄も雌も、生殖器は尻尾の先にある。しかし雄は、交尾の際、尻尾の先で雌を捕まえなければならないので、あらかじめ尻尾を自分の胸付近にある袋に突っ込んで精子を貯めておく。雌はその袋に尻尾の先端を入れて精子を受け取るのだ。決してふれあうことのない交接。それでも、連結した「つ」

と「し」はかれんなハート形を作り出す。

古来、おそらく私たちはしばし立ち止まって自然を眺め、耳を澄ませた。あるいは空を見上げた。そして、そこに密かなシンボルを読み取り、豊かなイメージを喚起された。詩は言葉の中にあるのではなく、自然の中にある。アートはキャンバスの中から生まれるのではなく、キャンバスに差し込む光の中にあらかじめ含まれている。

V　バベルの塔

らせんの塔が表す傲慢さ

ピーテル・ブリューゲル「バベルの塔」

bpk / Hermann Buresch / amanaimages

巻貝、アサガオのつる、蝶の口吻、鳴門の渦潮、台風の目、銀河系、あるいはDNA。ミクロからマクロまで世界にはらせんが散在している。らせんという形の本質はなんだろうか。それは持続する志のようなものである。

コンパスで円を描くことを思い浮かべていただきたい。このとき半径が、すこしずつ広がっていけばどうなるか。正円は半径に対して常に90度を保ったときの軌跡だが、それをたとえば100度と決め、常に100度を持続したまま円を描こうとすれば？　その軌跡は、たえず外へ外へと開こうとする志に支えられたまま、美しいらせんを描きだすことになる。

つまり、らせんとは力を内包した運動なのだ。力が外に働けば、生命の成長そのものだ。力が内側に向かえば、底知れぬ渦巻きの中に引き込まれることになり、その力が上向きに働けば、無限の高みを目指すことになる。

ノアの洪水のあと、人間たちはみな同じ言葉を話していた。やがて彼らは新しい技術を手に入れていった。そして自らの力量を恃《たの》んで、強大な塔を打ちたて、天に達しようとする。それは神の逆鱗に触れた。塔は崩され人間たちは蹴散らかされた。かくして我々は異なる言語を話さなければならなくなった。

旧約聖書に材をとったピーテル・ブリューゲルの「バベルの塔」（1563年・ウィーン美術史美術館蔵）が、見る者に、異様なまでに重苦しい迫力と、異形のものを目の当たりにしたときのような暗い畏れを与える理由は、その塔が、人が住むために造られようとしているのではなく――もしそうなら、円盤を単純に水平に積み重ねたものになったろう――ゆっくりとらせんを描きながら上昇する、傲慢な持続する意志そのものとして表現されているからである。

連続する渦、生命の営み示す

ダロウの書

生命の営みを眺めると、そこにはたえず循環のリズムが満ちあふれていることに気づく。一日、ひと月、一年。そこには覚醒と睡眠のリズムがあり、生理周期があり、発生と成長と交代の消長がある。しかしいずれのリズムも同心円状に閉じているのではなく――一見、同じことが繰り返されているようでいて、二度と同じことは起こらず――流れは常に外に開いている。

それは生命の関係性を見ればわかる。個体と個体は、虫と鳥のように、あるときは食う食われるという関係にあり、また別のときには、腸内細菌と人間のように、互いに補完的な関係にある。あるいは植物とミミズのように合成者と分解者の関係にある。そして虫と花はまたつながる。流れ、つまり、物質とエネルギーと情報の動きは、ひとつの生命体の中で何度か周回したあと、生命から生命へと常に受け渡されているのだ。

このような世界の成り立ちに関するイメージは、科学がミクロのレベルでその実相を明らかにするよりずっと以前から、芸術的な喚起力によって感得されてきたことがわかる。7世紀、アイルランドのダロウ修道院で作製された装飾福音書写本には全面がらせん文様で埋め尽くされた、驚くべきページがある。ただのらせんではない。ひとつの渦が外側に広がったあと、それが途切れることなく、次の渦に受け止められ内側に収斂する。かくして遠心力は求心力に、求心力は遠心力に連続的に展開していく。これを生命の連続性と言わずなんと言うべきだろう。継続する志と呼ばずしてなんと呼ぶべきか。まさに、動きに対するリスペクトそのものである。

そしてこれはアイルランドの遥か古層にあるケルトの人々の世界観と、あるいは私たち日本人の深層にある縄文的な宇宙観とどこかでつながっているのだ。

移ろう世表す草の十字架

聖ブリギットの十字架

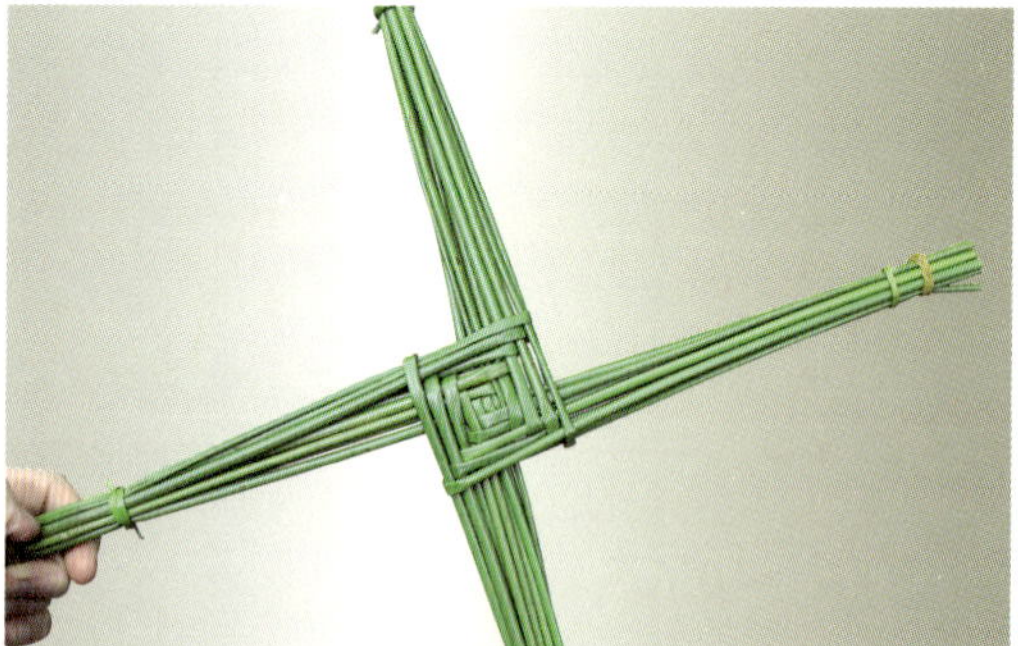

ケルト文化を研究する美術文明史家の鶴岡真弓さんとお話したときのこと。アイルランド・ギルデア大聖堂に伝わる聖ブリギットの十字架の存在を教えてもらった。それは灯心草（イグサの一種）で編まれた素朴なもので、一説には太陽光線のイメージを表したものだとされる。春の始まりの聖ブリギットの日（2月1日）に合わせ、厄除けとして編まれるという。

私はそのかたちになぜか小さな胸騒ぎを感じた。普通の十字架は垂直の縦線が水平の横線をぴたりと二等分するように硬質の材料で作られる。そこには世界を統べる原理への希求と、ある種の絶対性が象徴される。しかし聖ブリギットの十字架は、上下左右から中央に集まる軸線がぶつかり合う点が少しずつ互いにずれているのだ。なんだかまるで折り紙で作った手裏剣みたいだな、と思った瞬間、胸騒ぎのわけがわかった。ずれた中心に向かって四方から力がかかれば、十字架は文字通り手裏剣のようにくるくると回らざるを得ない。つまり、聖ブリギットの十字架は――一般的な十字架が不動の原理を表しているのに対して――動き《モーメント》の予感が内包されていたのだ。

紀元前数千年、中央ユーラシアの草原地帯からヨーロッパにかけてインド・ヨーロッパ語族が移動したとき、もっとも過酷な時を経て、遠い西のはてにまで達したのがケルト語を話す人々だった。鶴岡さんによれば、彼らは、そのはるかな旅路を通して、自分たちが運命に打ち勝ったという実感をただの一度も――もしかしたらいまだに――もったことがないのではないか、という。ケルトの文様にはその諦観が表れている。変化する自然と絶えず移ろう世界。その中で、流れに沿いつつ、わずかに抗しながら、あやうい均衡のうちに生きる。キリスト教を受け入れたあとでも、彼らの諦観は、動きに対するリスペクトとしてあらゆるかたちの中に宿った。

らせんの美しさ残す化石

アンモナイト

らせんの美しさを競うとき、アンモナイトの右にでるものはない。それは優雅ならせんに沿って放射状に配置される連続した節の造形の精密さによる。アンモナイトは殻を化石として残したが、その柔らかい身体は完全に失われ、今となってはどんな姿をしていたのか、誰も知ることはできない。

状態のよいアンモナイトの化石をスパッと二つに割ると、その断面には数学的な規則性をもって隔壁が並び、小部屋が連続しているさまを見ることができる。このことからアンモナイトは貝ではなく、イカのような身体をらせんの一番外側の部屋にひそめ、あとの小部屋は空気室として浮力を得るために使って海中を遊泳していたとされる。その証拠に隔壁には液体と気体を交換できる細い通路が開いている。

殻の真珠質層が失われることなくそのまま化石化すると、アンモナイトはオパールのごとき鉱物的な光沢と色を揺らめきたたせながら、らせん形の宝石となる。ロッキー山脈に産するこの希少な化石はアンモライトと呼ばれ古来、珍重された。

少年の頃、化石ショーでその輝きを目の当たりにした私は、立ち尽くしたまま太古の時空に吸い込まれ、しばらく元の世界に戻ってくることができなかった。値札には驚くような価格が記されていた。

示準化石というものがある。それが見つかることによって地層の地質年代を特定することができる化石のことである。たとえば、ある種のアンモナイトはジュラ紀の、三葉虫はカンブリア紀の示準化石となりうる。示準化石には条件がある。現生しない生物であること。分布領域が広く、あまねく、容易に多数発見できること。短期間のみ栄えた生物であること。急速に拡大した種は、その急速さゆえにどこかで破綻を来し、急速に滅びに向かう。何億年か先、人類は示準化石となる可能性が高い。

口吻をらせんで収納、蝶の神秘

蝶の口吻

コンピュータや電気製品の配線。毛糸やつり糸。あるいは掛け軸や賞状。このようなもの――内部に銅線や繊維組織があり、できるだけ、折ったり、傷つけたり、負荷をかけたりしたくないもの――をコンパクトに〝収納〟するには、くるくるくるっと巻き取るのが一番いい。これは自然界も同じである。

子どもの頃、私は虫オタクで、家でたくさんのアゲハチョウを飼育していた。卵か幼虫を採集し、食草となる葉っぱを取り揃える（アゲハチョウの種類によってそれぞれ食べる植物が限定されているので、また幼虫の食欲はすこぶる旺盛なので、これはなかなかたいへんな作業となった。クロアゲハは柑橘系かサンショウ、キアゲハはパセリかニンジン、ジャコウアゲハはウマノスズクサ……おかげで私は、花壇に咲く花の名は知らずとも、一見変わった草木の名を言い当てることができる)。

蝶がサナギから出てきて、くしゃくしゃの翅をやがてすっきりと開いていく。翅の中に張り巡らされた中空の翅脈に体液がみなぎることによって翅がぴんと完成するのだ。ついこの間までモコモコあたりを這い回っていた芋虫が、軽やかで美しい妖精に変身する。こんなに劇的なメタモルフォーシスが他にあるだろうか。

私は蝶に糖蜜を与える。なんと蝶は脚の先で味覚を感じるのだ。だから蝶に給餌するには、綿棒に糖蜜を含ませ、まずトントンと脚に触れてやる。するとそれまでらせん状に固く巻かれていた口吻がするするとほどかれ、しなやかで細い鞭のように長く伸びて蜜のありかを探り当てる。この様子は何度見ても見飽きることがない。蝶はこの口吻をストローのように使って上手に蜜を吸う。吸いながらも蝶は翅をせわしく開閉させている。まるで蜜の甘さを喜んでいるかのようだ。その度に赤や青の斑紋が見え隠れする。まもなく蝶はひらひらと飛び立ち、夏の高い空の中に消えていく。私はそれをずっと見送る。

長いDNA収納に自然の知恵

電話のコード

その「糸」の長さはだいたい2メートル。これをクルクルクルッと巻き取って、できるだけ小さな糸玉にしたい。指先が器用なあなたならどれくらい小さくまとめられるだろうか？　しかもすぐにまたほどけるよう上手に巻いておきたい。

そのためにはちょっとした工夫がいる。固定電話の受話器と本体を繋ぐコードはコイル状に巻かれている。こうしておくとコードが絡まることがない。コイル状に巻いたコードをさらにもう一回り大きなコイルにして巻き取ることを想像してみてほしい。このコイルをさらにもう一回り大きなコイルにして巻き取り、さらに……と何度もこの操作を繰り返す。するとコイルを構成しているらせんの中に一段小さならせんが含まれていて、そのらせんの中にさらに小さならせんが含まれ、さらにそのらせんにより小さならせんが含まれるという階層構造が出来上がる。これをスーパーコイルと呼ぶ。自然が、DNAという長い糸を、細胞内の核というごく小さな空間の中に格納する際、採用している方法がこれなのである。

DNAはヒストンという、糸巻き用の芯になるタンパク質を何個も何個も使ってスーパーコイルを形作っている。最近、このヒストンに研究者の注目が集まっている。受精卵が分裂を繰り返しながら、細胞分化が進む際、ヒストンに特別な刺々《とげとげ》が付けられることがわかってきた。この刺々の付き方の違いが、DNAの糸のほどけ具合の差を生み出し、それが細胞の運命（網膜になるのか筋肉になるのかといった）の道筋を決めているのでは？　と考えられるようになったからである。

逆に言うと生命の出発点にある受精卵のヒストンは「まっさら」の状態にある。人工的に作り出された万能細胞のヒストンの状態は、はたしてどの程度、まっさらに戻っているのか。万能細胞の安全性はこのような微視的観点から注意深く問われなければならない。

1000年紡いだらせんの遺構

寺野東遺跡（栃木県小山市）

らせん、あるいは渦巻きの意匠には、古来、私たち人間の、自然に対する畏敬の念が込められている。それはたえまなく流れ、回り、エネルギーを集約しては発散する動的な自然へのリスペクト、あるいは祈りのようなものだったろう。そのような渦巻き文様として、私はここでケルト文化や、バベルの塔、人をして悠久の時間に誘うアンモナイトの渦巻き文様などに触れてみた。

はたして渦巻きは私たち日本人の古層にも存在している。1990年代、栃木県小山市の郊外、寺野東で不思議な遺構が発見された。舞台は縄文時代。異様なのはその規模と構築期間だった。遺跡は直径165メートル、高さ2メートルもある円形の盛り土。内部を調べると、渦巻き状に何層にも重ねて異なる色の土が盛られていた。各層からは異なる時代区分の縄文土器が出土した。そこから推定するに、この巨大なモニュメントを建造するには縄文後期の、少なくともおよそ１０００年が費やされていることが判明した。

いったい誰が、何のためにこのようなものを造り続けたのだろうか。発掘調査からはこの遺跡が墓でもなく、かといって住居や砦のようなものでもないことがわかっている。おそらく縄文期の人々は何かを完成することを目的とはしていなかった。むしろ何世代にもわたって、たえまなく手を加え、バトンを手渡しながら、常に作り直し続けることの方が重要だった。同時代の人間が同時代の営みに参画しているという認識の方に重きが置かれていたのだ。

巨大な構造物を——塔であれ、ダムであれ、防潮堤であれ——一定の期間内に必ずや完成させなければならない。近代が陥ったこの自縛的強迫を省みるとき、縄文人たちが終わることのない巨大な渦巻きの中に込めた、動的なものへのリスペクトはむしろ斬新な哲学に映る。

渦巻く縄文の美、優美に昇華

細野仁美「羽根の葉の器」

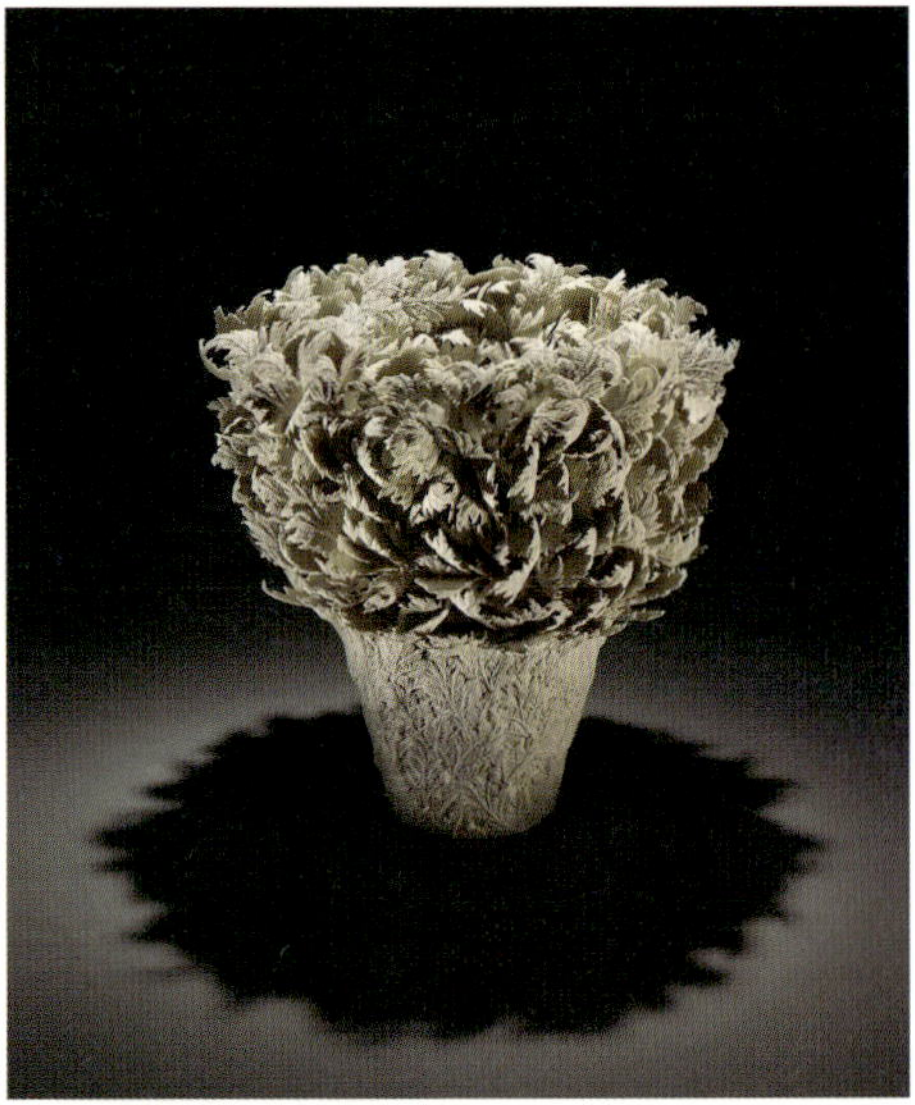

縄文土器の美を「発見」したのは岡本太郎である。1951年の秋、偶然、縄文土器を目にした彼は電撃的な衝撃を受けた。そのときの思いをこう書いている。

「わたしの血の中に力がふき起るのを覚えた」「激しく追いかぶさり重なり合って、隆起し、下降し、旋廻する隆線紋。これでもかこれでもかと執拗に迫る緊張感。しかも純粋に透った神経の鋭さ。常々芸術の本質として超自然的激越を主張する私でさえ、思わず叫びたくなる凄みである」(「縄文土器論」)

この、たぎるような渦の運動がある臨界点を超えて解き放たれたとき、それはどこへ向かうだろうか。室伏広治選手が力一杯に投げた円盤の軌跡を思い起こせばよい。旋回運動がその求心力を切断された瞬間、ベクトルは円周の接線に沿って、まっすぐ外へ向かうのだ。岡本太郎が血の中に感じた力、隆起、緊張、激越、そして叫びの本質もここにある。縄文土器はその火焔の中に一気に外側へ射出されるべきエネルギーを秘めているのだ。

岡本太郎自身は、「太陽の塔」や「明日の神話」に代表されるように、縄文的なエネルギーをそのまま巨大な旋回とうねりのパワーとして爆発的に作品にぶつけてみせた。

はたして現代の美術家ならば、この挑戦をどのように受け止めるだろう。大英博物館の日本ギャラリーには、新潟県津南町・堂平遺跡出土の見事な火焔式縄文土器が飾られている。が、そのかたわらに、細野仁美による「羽根の葉の器」という作品がさりげなく置かれている。行き場を求めて渦巻く縄文の原始的な旋回のエネルギーが、ここでは実にエレガントに、そして優美に昇華され、繊細なフラグメントとして柔らかく放散されている。太古からの挑戦に対する、なんとスタイリッシュな返報だろう。この対比の妙を演出したキュレーターのエスプリに、思わず脱帽させられた。

渦に生命の本質を見た北斎

葛飾北斎「男波・女波」（怒涛図）

生物学者を悩ませる大問題のひとつが血流の謎である。人間の身体の隅々まで細かく分布する血管網。現在の技術を用いれば、たとえば中空のプラスチック樹脂を用いて、この血管網の走行を正確に再現することが可能だ。そこで、心臓に位置する場所にポンプを接続し、一分間数十回の脈動を発生させ、血液の流れを模倣したらどうなるか。進みだした水流はたちまちあらゆるところで詰まり、あるいは枝分かれからその先、水流が届かない空白のデッドスペースがいたるところにできてしまう。

身体でもしこんなことが起きれば、血液が行かないところはたちまち酸素不足に陥り、組織の壊死が急激に進行する。

ではヒトの心臓はいかにしてあらゆる毛細血管の端々にまで血流をもれなく、たえまなく届かせうるのだろうか。

すこし前の冬、長野県小布施町を旅したことがある。葛飾北斎は自分を評して、「己六才より物の形状を写の癖ありて」と始め、「七十年前描くところは実に取るに足るものなし」と記している。彼は転居、改名を繰り返し、さまざまなジャンルで夥しい創作を進めた。代表作「富嶽三十六景」を描いたのも晩年になってからだった。その北斎が、80歳をすぎてから、小布施を度々訪問した。ここに北斎の到達点とでも呼ぶべき作品がある。同町・北斎館にある上町祭屋台天井絵「怒涛図」二図＝「男浪」・右、「女浪」・左。ここにはもはや富士も船も雲もなく、ただ波が宇宙的な深遠さをもって音もなく渦巻いている。一対の波がどのような構図で連関しているのか、屋台から外されて時を経た今となっては北斎の意図を知ることはできない。

絵の前にじっと佇むと、見えてくるものがある。らせん状に逆巻く水流がそのエネルギーを失うことなく、次のらせんに手渡され、連綿と引き継がれていくこと。北斎は知っていた。これこそが生命の本質であり、生きることの実相なのだと。渦は左右心房の特殊な形状から生まれる。発生した血流の渦はそのらせんのエネルギーを保ったまま、どんどん進む。らせんの切っ先はあらゆる分岐路、いかなる隘路にでも次々に飛び込んでいく。かくして私たちの身体は潤され、生かされている。

Ⅵ ヴィレンドルフのヴィーナス

建物と生物、中心軸を考える

丹下健三「国連大学」

私は現在、青山学院大学に教授として奉職しているのだが、都会の風が吹き抜ける青山通りに面した緑豊かなこの場所は、日本で最もおしゃれなキャンパスである、と自慢しても罰はあたるまい。正門から中にはいると銀杏並木のプロムナードがまっすぐに伸びている。この季節、新入生を迎えて構内は華やいでいる。しばらく歩いて、ふと、ふりかえって見ると……正門の外、青山通りを挟んでそのちょうど真向かいにそびえ立つもの。国連大学。丹下健三作。その威容は、アカデミズムの象徴たる東京大学・安田講堂をさらに頑丈に、巨大にし、太いビームを斜めに渡した上で、ピラミッド状に積み上がって空に向かって屹立している。いわば極めて男根的なモニュメントである。

そして、国連大学の中心軸は、なんと青山学院大学のプロムナードの中心線と寸分たがわずぴたりと合わせられている……頼んでもいないのに。ことほど左様に、丹下健三という人は全体を貫く中心軸というものが好きだった。

彼の設計による広島平和記念公園は、中心軸が見事に原爆ドームの方向に揃えられているし、東京湾に広がる未来都市の計画では、まっすぐ中央に伸びた軸から左右に枝が伸び、そこにブドウの房のように海上住宅がぶら下がる。それはまるで魚の背骨のように見える。

まず中心軸があり、そこから部分が派生する。まさに設計的な思考法だが、実は魚に限らず生物の背骨は、設計者によって最初に引かれた訳ではない。むしろ逆である。もともと生物には中心軸などなかった。細胞の塊が押し合いへし合いしているうちに、左右から真ん中に押し込められた襞として背骨ができ、それがさらに前に押し出されて脳ができた。つまり生物にとって中央はあとから、発生的に作り出された。中央集権・分散。設計・発生。不思議なことに丹下健三は東京都庁のような対構造を持つ建築も作った。その境地にどんな振幅があったのか。

円銀の龍、時代の奔流と対峙

加納夏雄「円銀貨」（明治18年）

日本銀行貨幣博物館所蔵

手前味噌ながら私のちょっとした銀のコレクションについて語ってみたい。今、一円玉といえば水に浮かべることができるほど軽い、文字通りチープなアルミ貨となってしまっているが、かつての一円はずっしりと持ち重りのするたいそう立派な大型銀貨だった。通称、円銀《えんぎん》である。明治初年、貿易用の近代通貨として作り出され、以降、大正のかかりまで発行が続いた。この円銀を年ごとに集め、コンプリートしたいというのが私の少年時代からの夢だった。

というのも、この銀貨に刻まれている意匠がほれぼれするほどすばらしいのである。宝玉をしかとつかんだ大龍が鱗の一片一片も鮮やかに身をくねらせ、火炎の中に咆哮しているのだ。江戸末期に生まれた彫金師、加納夏雄の作。加納は最初、鍔など刀装具の制作で名をなした。明治維新となって造幣寮に出仕、新貨幣の原型作成に従事した。明治政府は造幣技術の範を英国に求めたが、加納の龍図が絶賛を受け日本で鋳造されることとなる。

金の準備が不足ぎみの当時、円銀は事実上の本位貨幣となり、兌換紙幣は円銀と交換できた。円銀には、24グラム強の銀が含まれている。現在、銀価格は1グラム当たりおよそ100円だから、円銀は今もなお一枚数千円の価値がある。ところが実際には、発行年によって希少性に差があり、特別な年のものには兌換性の何十倍ものプレミアがつく。だから私のコレクションも今なお穴だらけである。

近代通貨も一通り整備が終わると、加納は刀装具師を廃業した。廃刀令によって需要が急速にしぼんだせいだった。代わりに工芸の道に進み、最後は、東京美術学校（現在の東京藝術大学）の教授となった。円銀の龍は、時代の奔流にもまれ、それに対峙した技巧の匠の矜持でもあったのだ。

ネアンデルタール人は何者か

ネアンデルタール人

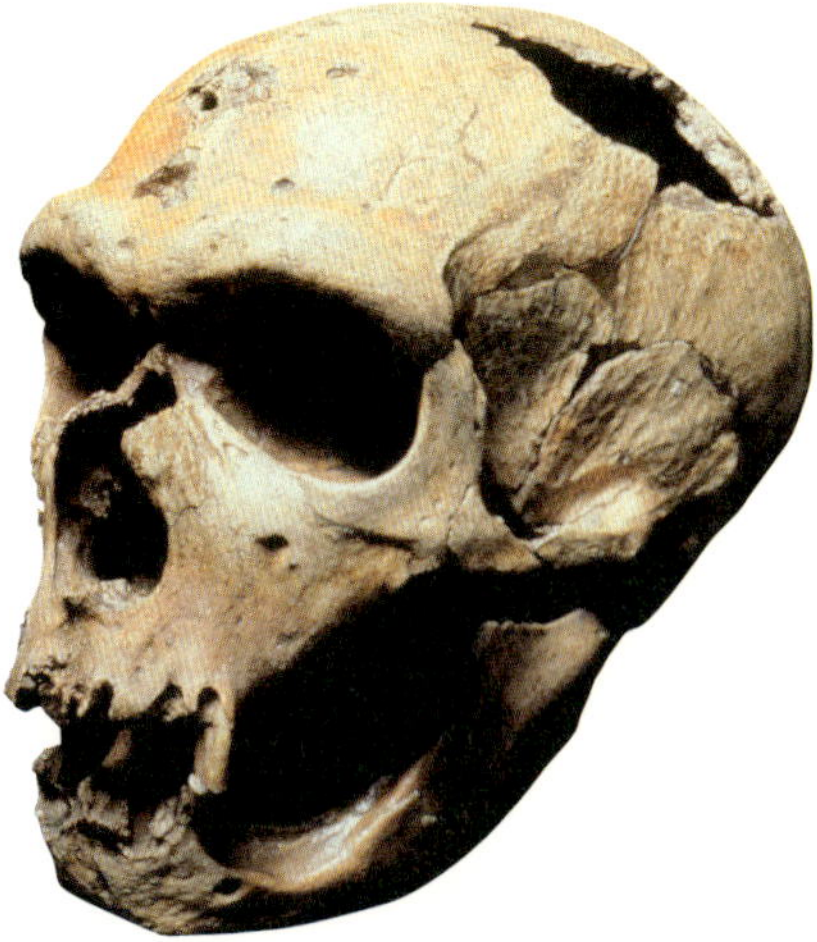

金印の真偽判定に、目立たぬところを少し削り取って微量元素組成を解析する案を書いたが、現実的には天下の国宝に傷をつけるなど到底許されるはずはない。ところが同じようなことが、激しい抵抗をはねのけて行われた結果、驚くべき知見がもたらされることになった。

1856年、ドイツのデュッセルドルフ近郊のネアンデル谷《タール》の洞窟で奇妙な化石が発見された。人骨にしては猿に近く、猿にしてはヒトに近かった。人類学者による侃々諤々の論争を経て、この化石は現生人類ホモ・サピエンスの祖先にあたる旧人ネアンデルタール人のものであるとされるに至った。

時を経て1990年代、新たな機運が立ち上がった。遺伝子解析技術の進歩に伴い、古い試料からでもＤＮＡを調べることが可能となった。すでにエジプトのミイラのＤＮＡが解析され、姻戚関係が特定された。しかしネアンデルタール人の化石は2万年以上前のもので、有益な情報が得られる可能性はごくわずか。所蔵博物館は難色を示した。国家的至宝をくり抜いたはいいものの、成果がない場合、化石が損傷されただけで終わる。

しかしドイツの若い研究者たちの情熱が道を開いた。

結果は驚くべきものだった。ネアンデルタール人のＤＮＡは、ヒトとは大きく異なっていた。前者は後者の祖先ではなく、並行して進化してきた別の種だった。

ネアンデルタール人の遺構からは花が見つかっている。彼らは死を悼み、来世を信じたかもしれない。似た知性と文化を持ちながら、異なる人類がもうひとつ現存していたら。現代の人権思想や人種問題は根本から異なったものになったはずだ。いわゆる人種は本来の「種」ではなく現在のヒトはすべて一種である。しかしもうひとつの人種だったネアンデルタール人は忽然と消えた。ここに我々の原罪がある。

ヒトが初めて作った美の形

ヴィレンドルフのヴィーナス

ウィーン市内の中心部、マリア・テレジア広場に立つと、ほぼ同じかたちの左右対称の大きな建物が、相向かいあって建っている。美術史美術館と自然史博物館。観光客の多くは、ブリューゲルの「雪中の狩人」や「バベルの塔」、ラファエロの天使たち、あるいはフェルメールの傑作「絵画芸術」など名だたる名品が所蔵されている前者を目指すだろう。しかしかつて科学少年だった私にとって、ウィーンと聞いてまず思いつくのは、芸術と音楽の都でもなく、ハプスブルグ家でもない。ましてやウインナーシュニッツエルやザッハトルテでもない。私にとってウィーンは「ヴィレンドルフのヴィーナス」の街であり、それは自然史博物館の一室の暗がりにそっと置かれている。

ヴィレンドルフ村で発掘されたこのヴィーナスは、ヴィーナスとはいうものの、私たちがよく知っているミロのヴィーナスのような、均整と調和のとれた白く輝くギリシャ的イデアの中にある女性の立像とは全く異なっている。第一、ずっと小さい。手のひらにすっぽりとおさまるほどの、お守りのような石像なのだ。

私を驚かせるのは、この像の制作年代が、今から2万数千年も前の旧石器時代に遡るという事実だ。当時、ヒトは狩りと採集を生業とし、生活用品はすべて石を割って作られた。ひょっとしたらまだネアンデルタール人たちも生きていたかもしれない。

そんな時代に、柔らかい石灰岩を一心に削ってこの像を彫り出した人物がいた。

表情は見えないが不思議な髪型の頭部。小さな身体には、不釣り合いなくらいの巨乳、ふくよかで豊満な腰回りと突き出たお尻、くっきりと刻まれた性器が表現されている。太っていることは限りなく美しいことだった。そう、ここに体現されているものは、直截的な、祈りに似た美なのだ。武器でも道具でもない。ヒトが初めて芸術を作り出した瞬間だった。

建物と渓流の滝が生む吸引力

フランク・ロイド・ライト「落水荘」

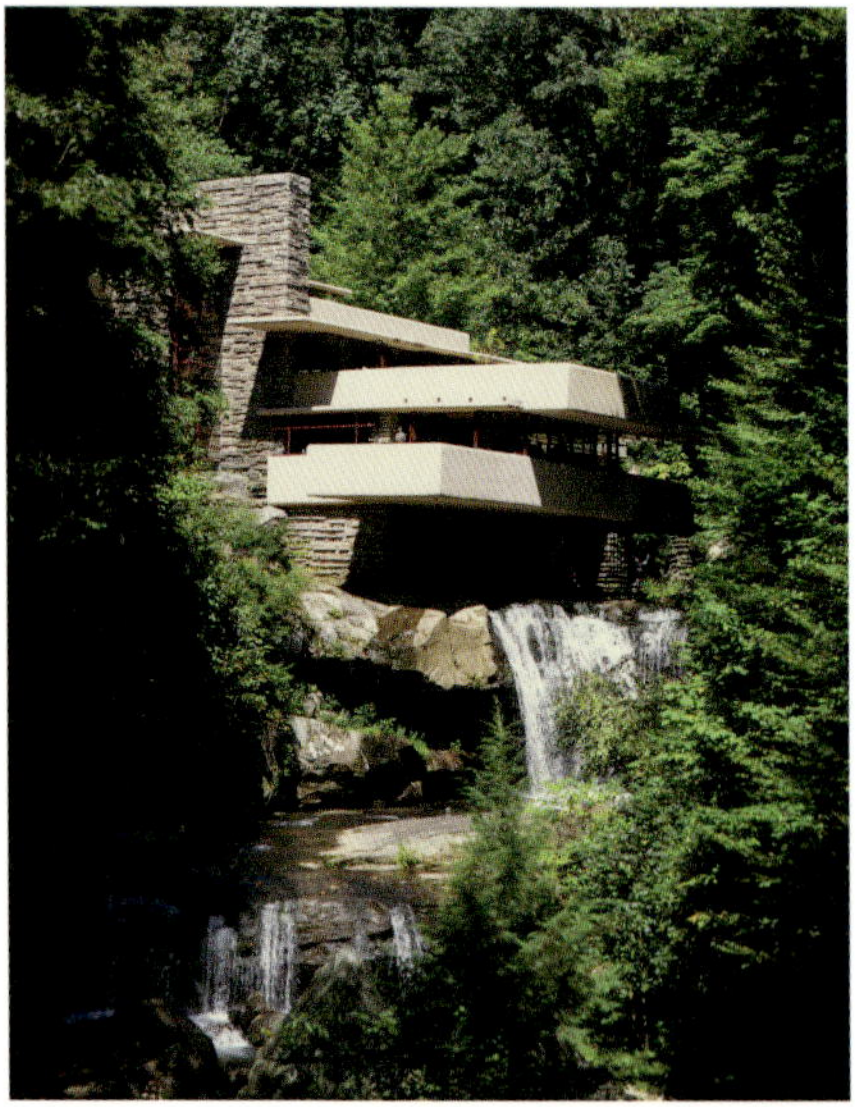

残り少ない人生。生きているうちに一度は訪れてみたい場所というものがある。とはいえ、実際に行くチャンスがなかなかやってこないまま、さまざまに想像をめぐらせながら心の中で転がしているときが一番楽しい時間なのかもしれない。ちょうど釣りにでかける前に、あれこれ仕掛けを用意したり地図でポイントを調べたりするときのように。

そんな場所のひとつが米国ペンシルバニア州の山奥ベアランにある〝落水荘〟（Falling water）である。グッゲンハイム美術館や旧帝国ホテルで名高いフランク・ロイド・ライトが、ピッツバーグの実業家カウフマンの依頼により設計した邸宅。「ライトの最高傑作」、「世界で最も有名な現代住宅」、「20世紀芸術の主要作品」など賛美と称揚の声に包まれている。

豊かな森に囲まれた渓谷の岩の上、段状に大きくせり出したクリーム色の広いコンクリートバルコニー。それを支えるように高く稠密に積み上げられた石組み。細いサッシからなるスタイリッシュなガラス窓。そして屋敷の内部を抜け、流れ落ちる渓流の滝。自然と人工物。この二つが互いに他を制するのではなく、むしろ相乗的に高めあう。

写真で見ただけでも、ずっと見続けていたくなるような吸引力を持っている美しい造形。この吸引力は何に由来するのだろう。ふと気づいた。それは流れだと。渓流は奥から手前に流れ、滝となって落下したあと、直角に向きを変え、側方に流れ続ける。建物はその流れの動きをそのまま模倣し、バルコニーのラインは奥から手前へ、一段下がって、手前から側方へと伸びている。建築自体に流れのベクトルが内包されているのだ。静的なものを動的なものに重ね合わせる。見る者は、この飽くなき建築家の挑戦の行方を、流れの中に見届けたいと願う。

新陳代謝は建築と細胞で違う

黒川紀章・他「中銀カプセルタワービル」

朝日新聞社 / アマナイメージズ

変わらないために、変わる。これが生命の本質である。もう少し丁寧に言うならば、大きく損なわれてしまわないように、常に少しずつ更新する。最前線の生命科学もまた、プロテアソーム、オートファジー、アポトーシスといった、「壊す」しくみの方により着目している。生命は作ることよりも、壊すことに一生懸命なのだ。それは、たえまなく壊し・作りかえることが唯一、系の内部に不可避的に蓄積するエントロピー（乱雑さ）を外部に捨てて、生き延びる方法だからである。

大阪万博を控えた1960年代、このような生命のダイナミズムを建築学の世界にも取り入れようとする思想潮流が勃興した。黒川紀章、菊竹清訓たちが主導したメタボリズム運動である。彼らは新陳代謝《メタボリズム》しながらたえず外部に向かって広がっていく細胞群のイメージから、新しい建築のあり方を模索した。

その志やよし。さまざまなアイデアが提案され、そのうちいくつかは実現されもした。その代表例が銀座に存在する中銀カプセルタワーである。センターコアから同じかたちのユニットが多数生え出たような特徴的なデザインだった。確かにそれはまるで細胞群のように見えた。しかし今にいたるまで、一度も新陳代謝《メタボリズム》されることなく老朽化し、現在は建て替えが検討されているという。

どうしてこんなことになったのか。それはメタボリズムが起こるレベルを見誤ったからだ。メタボリズムは微視的なレベルで起きる。細胞自体が交換されることもあるが、むしろ細胞を構成する粒――分子や原子――のレベルで作りかえられている。例えば脳の神経細胞はその回路網の繋がりを保ちつつ、細胞の構成成分はたえず入れかわっている。ゆえに記憶が保持されるのだ。

関係性を維持するレベルとメタボリズムが起きるレベルは異なる。この要諦を見落としたのは、彼ら建築界のエリートが、数学や物理に長けてはいたものの、生物学をおろそかにしていたから……というのは言い過ぎだろうか。

「相補性」保つ千鳥格子の建築

隈研吾「プロソミュージアム・リサーチセンター」

撮影：Daici Ano

ある種の天才たちは、ジグソーパズルのピースを裏向けにしたまま、高速に組み合わせを試行錯誤し、ついには完成させることができるという。ピースのかたちはそれぞれ独自であり、そのまわりを取り囲む他のピースとの凹凸の組み合わせで、どの位置にはまり込むかが決まる。このようなしくみ——互いに他を規定するような関係性のあり方——を「相補性」と呼ぶ。私たち生命体において、細胞にせよ、細胞を作るさらに小さな分子にせよ、その構成成分がたえまない更新を繰り返しながらも、生命体が全体としてのバランスを保ちうるのは、細胞間、分子間に相補性があるからだ。DNAもまた二重らせんの対に相補性があるゆえに損傷に対して回復性があり、また情報の複製も担保される。

つまりジグソーパズルのピースをひとつずつ新しいものに取りかえても、ピースの相補性が保たれさえすれば、パズル全体の構図は維持されることになる。メタボリズムとは本来、このような関係性の中ではじめて成り立つものである。もし建築が、かつてのメタボリズム運動のヴィジョンが希求したように、たえず更新されながらも、生命体のように一定の秩序を保持しながら自在に生き延びるものであることを望むなら、更新されるべき建築の構成要素のレベルを、より小さな相補性のあるユニットに求めるべきだった。

隈研吾がプロソミュージアム・リサーチセンター（愛知県春日井市）で採用した千鳥格子はそのようなユニットを構成要素としている。千鳥格子は集合すると強靭な支持体となって柱や壁となり、またあるときは自由な方向に増殖できる。そして重要なポイントはユニットとユニットに相補的な関係性が保たれている点である。任意の箇所から抜くことができ、新たなユニットと入れ替えることができる。

つまり、一見、過去のものになったかのように思われたメタボリズム運動は、その志のとおり、生命的でしなやかな進化を遂げていたのだった。

モノとヒトの間にも相互作用

ドアノブ

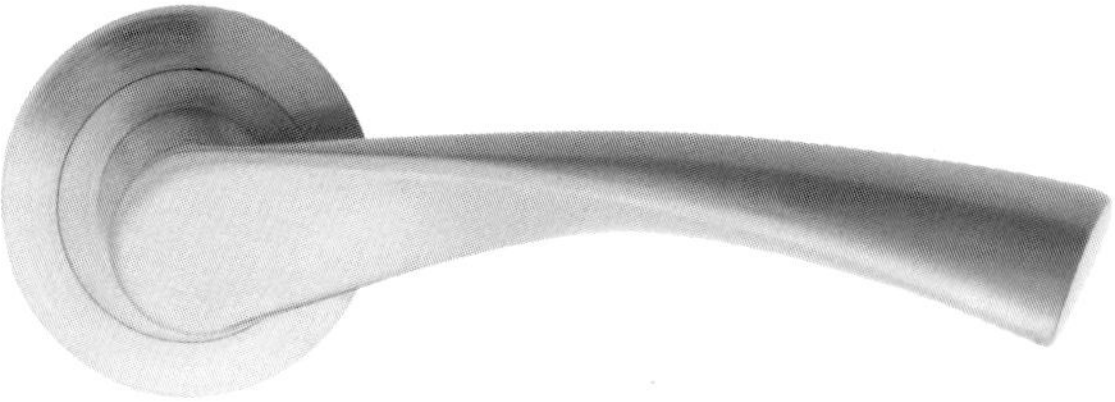

グラスがあれば飲み物を入れるものだとわかる。イスがあれば座ればよい。ノブがあれば回せばよく、取っ手がついていれば引けばよい。平たい金属板が貼ってあれば押せばよいとわかる。

単にモノの側にだけ備わっている特性ではなく、かと言って、私たちの能力だけの問題でもない。モノを見たとき、その形象や動きから行為の可能性が自然に導きだされること。モノとヒトとのあいだに存在するこの相互作用のことをアフォーダンスという。

たとえば外出先の不慣れな場所でようやくトイレを見つけて入ったとする。ほっと一息。レバーや紐があれば、押したり、引いたりすることによって水が流せることは自然にアフォードされる（いまどき紐式の水タンクを知っている人はもうほとんどいないか）。しかし最近のハイテク・トイレでは、レバーや紐はおろか、スイッチやボタンさえも見当たらないことがある。おろおろしてあちこち押したり捻ったりするも一向に反応がない。困ったなあ。このまま立ち去るわけにもいくまい。そう思いつつ思わず便器から一歩後退すると、とたんにザザッーと自動で水が流れたりする。便利なようで便利でない。アフォーダンスについての配慮がいささか足りないのだ。

かつてコンピュータのマニュアルがわかりにくかったのも同じ理由だ。各操作に、対応する機能を暗示（もしくは明示）するアフォーダンスがほとんどなかった。Altキーと

Commandキーと Escキーを同時に押すとなぜ強制終了できるのか、誰にも説明できない。おそらく設計者にも。今日、パーソナルコンピュータが、タッチパネル式のタブレット端末や携帯電話によって凌駕され、感覚的な操作性が優先されるようになったのも、モノとヒトのあいだに、アフォーダンスが求められた自然な帰結だと言える。今や、字がまだ読めないような子どもでもスイスイと指で画面を繰っている。

大学に入った学生諸君。ケータイをやめる必要はないと思うけど、アフォーダンスについてギブソンとノーマンの本を読んでみよう。

真価わかる知、身を助ける

ジャン・プルーヴェの椅子

椅子は見れば座るためのものだとわかる。しかしその椅子がいかほどのものかまでは見ただけではわからない。以下はそれがひと目でわかったある日本人の話。

若き頃、彼は本場で英語を身につけようと勇躍、渡米した。しかし最初の高揚はどこへやら、まもなく自堕落な時を過ごすようになる。ある日、友人の代理で、ニューヨーク郊外にあるつぶれかけの印刷工場に荷物搬出作業のバイトに出かけた。もうすぐ閉鎖解体されるらしく荒れ放題だった。社員食堂はがらんとして古びたテーブルと椅子が散らばっていた。何気なく見渡して息を呑んだ。鼓動が高まるのがわかった。興奮を悟られないよう工場の管理人にさりげなく尋ねた。「このテーブルはどうするんですか」「ガラクタだから捨てるしかないさ」「あの……ちょっと店を開こうと思っているので譲っていただけませんか。もしよければ椅子もあわせて」実は椅子しか眼中になかった。「いいよ。でもタダってわけにはいかない」彼は一脚30ドルで20脚の椅子をすべて買いとった。翌日、レンタルの軽トラにそれを積んで逃げるようにその場を去った。何度もバックミラーを見た。今にも誰かが追いかけて来そうな気がした。

紛れもない。ジャン・プルーヴェの作品だ。20世紀中盤、名匠ル・コルビュジエの創作仲間として建築デザインの世界で名を馳せた。今や希少なヴィンテージ家具として目の飛び出るような値が付く。彼は俊敏だった。すぐにニューヨークと東京のギャラリーに転売した。飛ぶように売れた。買った値段の数十倍で。業界は騒然となった。「無名の日本人の若造がプルーヴェを大量に売り払っている！」

しかし彼の行為は一点の曇りもなかった。ただ埋もれていたものに価値を見出しただけだ。彼はこの資産をもとに起業し、今やＮＹと日本に複数の店舗を持つオーナー社長である。知こそ身を助けるという物語。

Ⅶ

パワーズ・オブ・テン

連綿とつらなる日付に刻んだ記憶

河原温〝5FEB・2006〟

On Kawara "5 FEB. 2006," 2006 from Today series, 1966-2013(26.7×34.3cm) /
Courtesy David Zwirner, New York / London

好きな作家は？　と問われれば、カズオ・イシグロの名前を一番に挙げたい。日本に生まれたイシグロは、幼いとき、両親に連れられて英国に渡った。そのまま同地で暮らし、やがて英語で小説を書く作家となった。代表作は『わたしを離さないで』。臓器提供者として予め定められた運命を生きる人々の物語。彼らを支えるものは子ども時代の記憶である。近刊の『忘れられた巨人』では、夫婦の記憶が扱われる。同じ時間を生きたはずなのに、憶えていることが違う……静かで確かな文体と豊かな想像力に満たされたイシグロの小説は、今や世界中で熱心に読まれている。ひょっとすると村上春樹より先にノーベル文学賞をとるかもしれない。

辺境の地、日本に生を受けたにもかかわらず、日本をはるかに超えた世界性を獲得した作家。そのような特異的才能をもうひとり挙げるとすれば、それは疑問の余地なくＯＮ ＫＡＷＡＲＡになるのではないだろうか。私はしばらく米国に留学していたが、日本人芸術家として米国人の誰もが知っている名前は、岡本太郎でも東山魁夷でもなく、河原温なのであった。

河原の作品は完全な孤高にある。単一色に塗られた無地の上に、白いレタリングで、日付だけが示される。それは当日の、午前0時から24時間のあいだの、文字通り、ＴＯＤＡＹに制作されたもの。気が向けば一日に複数枚が描かれ、その日のうちに完成できなければ破棄された。１９６６年に開始されたこの一大プロジェクトは、不連続に、しかしたゆまず反復され、総数数千点に及んだ。それが世界中に散在し、どこかのギャラリー、あるいは誰かの家の壁に静かに掛けられている（河原作品には驚くほどの値がついている）。

奇妙なことに、ここに河原とイシグロの世界性における共通項が鮮やかに浮かび上がる。記憶である。たったひとつの日付の上に、20世紀から21世紀にかけてこの社会が経験した共通の、あるいは個人が経験した私的な記憶が刻みつけられ、それが連綿とつらなっている。河原は、飽くことなく、その一つ一つにそっとおもりをつけ続けたのだ。部分の中に全体が内包される。これは生命＝生きていることの類まれなる隠喩でもある。

不確かな輪郭と無限の広がり

高山辰雄「牡丹　洛陽の朝」

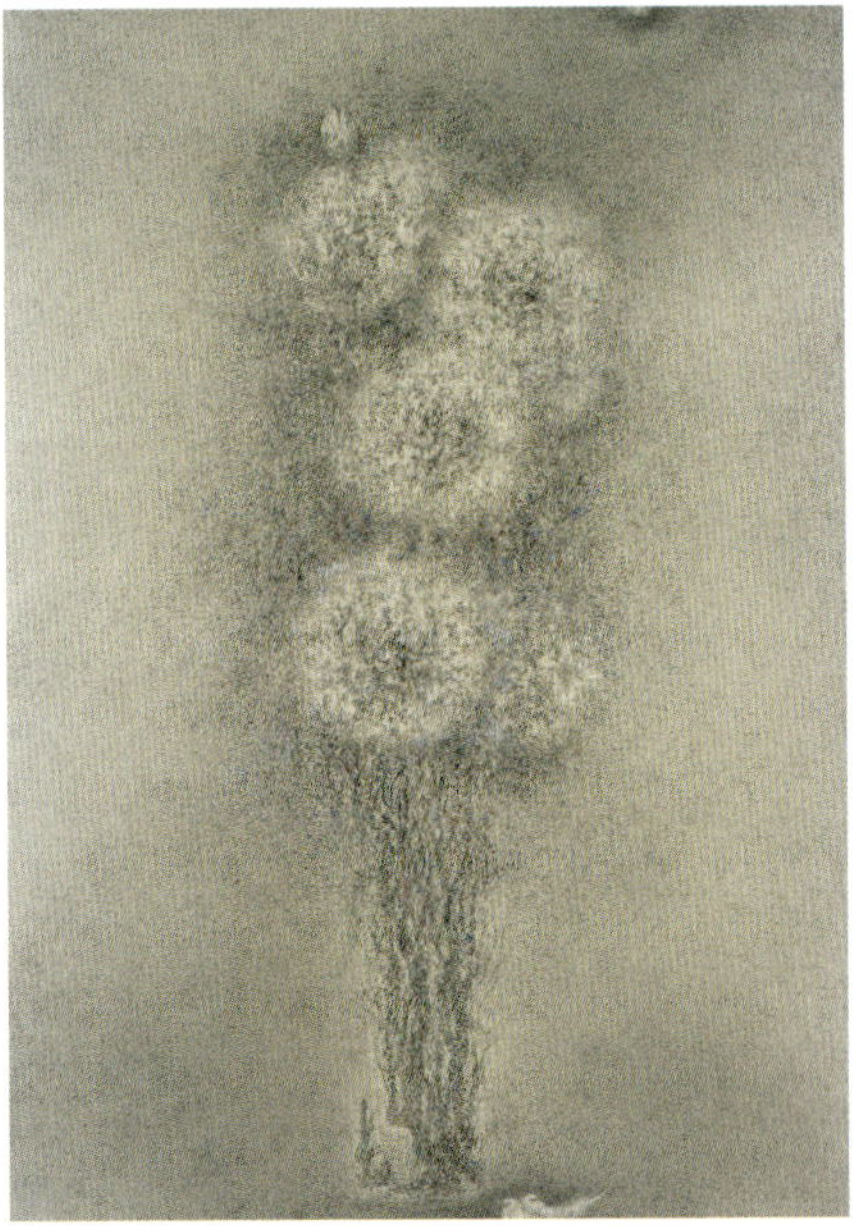

絵を描いてごらんなさい。そう言われたら、私たちはまず、人なら顔の、花なら花びらの輪郭を、丸く描いてみることになる。でも、この「輪郭」というものが曲者なのである。実は、ものごとにほんとうの意味では輪郭線はない。それは私たちの認識が地図の上に勝手に作り出している国境線のようなものなのだ。

もし「ミクロの決死圏」のような極微小化された宇宙船に乗り組んで、人間の皮膚のごく近くを低空飛行したら何が見えるだろうか。たとえその人がしみひとつない、真珠のような肌を誇る美人女優であったとしても、宇宙船の船窓の外に広がるのは月面もかくやと思えるほどの荒涼たる原野だ。いたるところにクレーターの底知れぬ穴やクレバスの深い裂け目が口を開き、ガスや水蒸気を吹き上げている。地面はたえまなく持ち上がり、剥落物となって次々とこちらに向かって飛び出してくるばかりでなく、得体の知れない粘着物や微生物が降り注いでいる。ミクロの宇宙船はその嵐の中で翻弄され、今にも墜落しそうになる……。

私たちは自分自身の存在を、外界から隔離された、しっかりした固体だと認識しているが、すこし時間軸を長くとれば、不断の流入と流出の中にある液体のようなものでしかなく、もっと長い目で見れば分子と原子が緩やかに淀んでいる――いわば蚊柱のような――不定形の気体であって、その外側にある大気とのあいだにはたえず交換が行われるゆえ、明確な区別や界面はない。

画家の透徹した心の眼は、事物が持つ輪郭線の、寄る辺なき不確かさをいつも感じとっていたに違いない。高山辰雄「牡丹 洛陽の朝」もその一つ。私たちを構成するはずの微粒子はたえず空気の中に拡散していき、ついには宇宙へと希釈されていく。存在は常にその揺らぎのなかに、かろうじて、かすかにあるのだと。旅の朝、ふと見た花の姿にさえ、彼は無限の広がりを感得したのだ。

無くしたピースの請求法に感心

紛失したジグソーパズルのピース

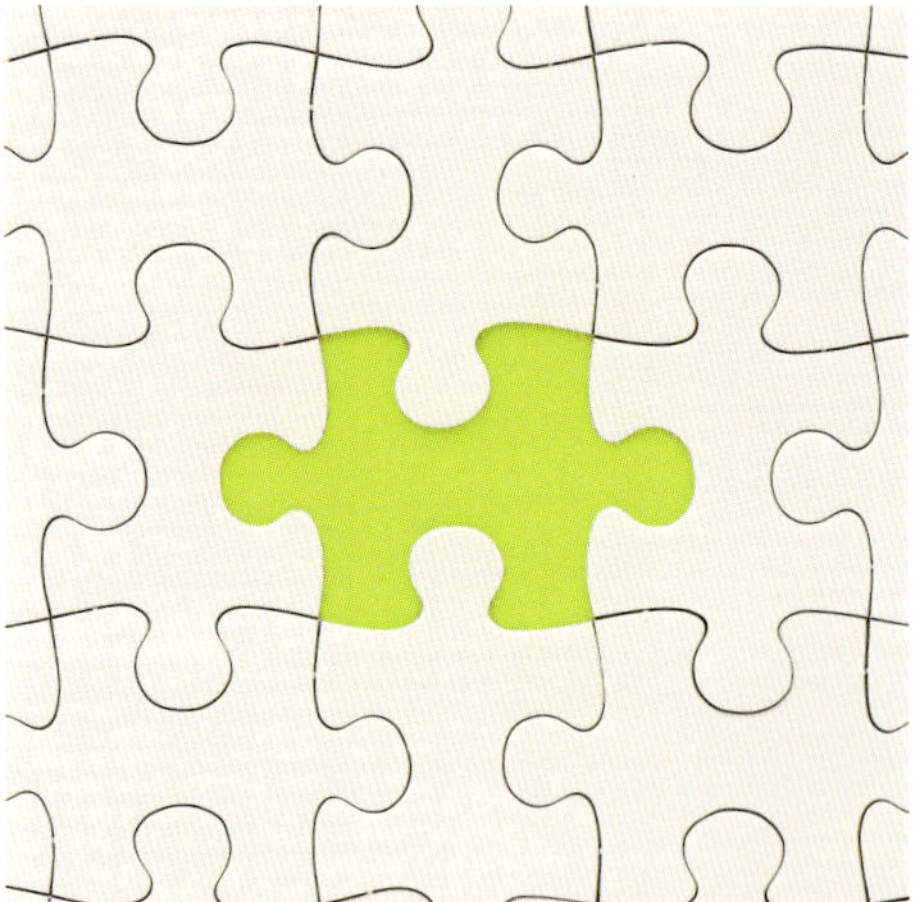

私の学生時代の知人にジグソーパズルの愛好者がいた。大判のパズルを——それはたぶん数百とか数千ものピースからなっていたと思われるが——飽きもせず長い時間をかけて完成させる。彼の言い分がふるっていた。「あと一個、というところまで作っておいて、最後のピースは彼女に入れさせてあげるんだ」当時の彼に、彼女がほんとうにいたとしても、彼女はそのプレゼントをどれほど喜んだことだろう。今となってはよくわからない。

ところで、こんなジグソーパズルのファンにとって困ったことが起こりうる。一生懸命作り上げたパズル、いよいよ完成という段になって、ピースがひとつ足りない。そもそもピースは小さい。どんな隙間にでも入り込みうる。部屋中を必死に探しまわってもどうしても見つからない……こんな悪夢のような事態は実際、しばしば発生することのようだ。

その証拠に、ジグソーパズルのメーカー、やのまん（東京都台東区）のホームページにこんなサービスの告知を見つけた。

「弊社では無料で紛失したピースを提供させていただいております」

でも、いったいどのようにして無くなってしまったものを相手に知らせることができるのか。次に書かれている一文がふるっている。「請求ピースのまわりを囲む8つのピースをはずして、崩れないようラップ等でくるんで当社まで送って

ください」(ラップ等で、というところがまたいい)

私はこれを読んで心底感心した。生物学の根幹を統べる原理がここにあますところなく表現されている。生命を構成する要素《ピース》は単独で存在しているのではない。それを取り囲む要素との関係性の中で初めて存在しうる。状況が存在を規定する。自分の中に自分はいない。自分の外で自分が決まる。相補性である。ラップに包まれた8つのピースの中央におさまった真新しいピースがそっと返送されてきたら……このときこそ彼女はほんとうの至福を感じるだろう。

免疫系では自己は空疎な欠落

多田富雄『免疫の意味論』

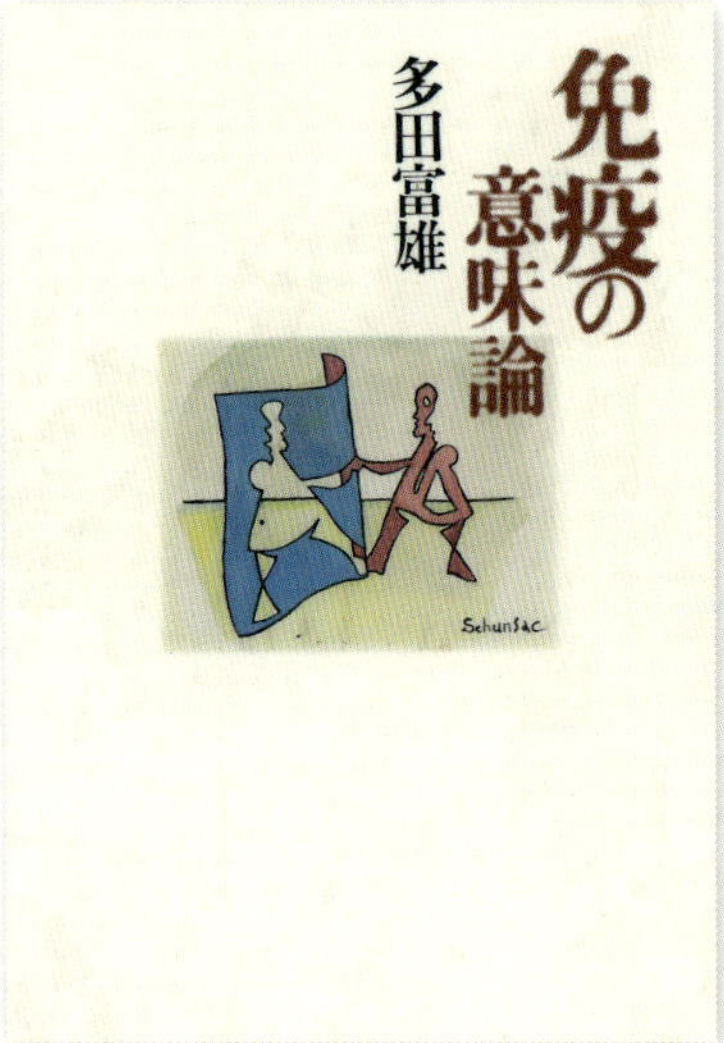

免疫系には、襲いかかってくる外敵——ウイルスや細菌、毒素など——に結合し、効果的に無力化する武器が準備されている。抗体である。免疫系は、どんな敵が来襲するか、あらかじめ予想することはできない。

そのかわりどんな敵がやってきても対応できるよう、ランダムに百万通りもの抗体を用意しておく。そのうちどれかが、侵入者にフィットすればいい。このランダムさが私たちを守ってくれる。風邪のウイルスが毎年どのように変異しようとも、あるいは未知の病原体が襲ってきても、私たちはなんとか戦い、人類は生き延びてきた。予想や目標を持たずランダムであること。これが最良の戦略だった。が、同時に最大の困難をもたらした。抗体はランダムに作り出されるがゆえに、中には外敵でなく自分自身を攻撃してしまう抗体も存在しうる、という問題だった。

免疫システムはこの問題を回避するため、巧妙なしくみを編み出した。まだ外敵と出会うことのない胎児のある一時期、抗体を産生する細胞群は血液やリンパ液にのって身体の中をぐるぐるまわる。ぐるぐるまわりながら、もし自分自身のパーツと反応してしまう抗体を作る細胞があれば、そのまま自殺プログラムが発動して自ら消え去ってしまうのである。

この選別が進行した結果、生き残った細胞が、非自己——自分ではない外敵——と将来戦うために保存される。逆に、消え去ったものが自己なのだ。つまり免疫系にとって自己とは空疎な欠落（ヴォイド）にすぎない。生物学を学ぶ者は、このあまりにも逆説的な生命の実相にまずは驚愕し、次いで感嘆する。

故・多田富雄は彼の代表作『免疫の意味論』の表紙に風変わりな絵（永井俊作・画）を置いた。自己とは、今いるあなたから切り抜かれたもの。世界の中心にいるつもりの自分は、実は何もないヴォイドなんだよ。だからさ、自分を探しに旅に出ても、自分などどこにも存在しない。彼の声はそうこだまして聞こえる。

見えない光の記憶ありありと

鈴木理策「SAKURA07,4-70」（２００７年）

©Risaku Suzuki / Courtesy of Gallery Koyanagi

春爛漫。満開の桜の樹の下に立ち、はらはらと舞い散る花びらを身に受けると、一瞬、なんだかとても非現実的な感覚になる。まぶしいようでまぶくしない。夢の中にいるようで夢ではない。

ところがである。そんなときに撮影された記念写真を後になって見てみると、写真の中の桜はただただ白っぽく、平板に写っているだけ。あとは友人たちや酔っ払った人物が散らばっているにすぎない。桜の下で確かに感じていた、あの奇妙な浮遊感。そんなものは写真には全然写っていない。それはいったいなぜだろう。

ここから先は単に私の仮説にとどまる。ヒトの眼とカメラの撮像素子とではおそらく異なる桜の光を見ている。より正確に言えば、異なる範囲の波長を感じているのではないか。カメラにはたくさんのフィルターが入っている。これによって長波長側（近赤外線側）と短波長側（近紫外線側）の光がカットされ、ヒトの眼が捉える可視光線の領域に合致した写真が撮れるようになっている。でもこのカットの仕方は機械的なもので、ヒトの眼の感受性のカーブとは微妙に違ったものにならざるを得ない。これが、桜を桜らしく写せない理由なのではないか。桜は、可視光だけでなく長波長側の光と短波長側の光をもたくさん反射している。ヒトは赤外線、紫外線を見ることはできないけれど、その境界に明確な線引があるわけではない。赤外線、紫外線に近い光はある種のまぶしさ、浮遊感、輝きに似た感覚をもたらす……。

鈴木理策の「SAKURA07,4-70」を見たとき、私は、不思議な感覚に捉えられ、しばらく目を離すことができなかった。かつてほんものの桜の下から花を見上げたときのような、あの懐かしい感覚をありありと思い出すことができる。

なぜだろう。ピンぼけの桜の写真は、ピンぼけであるがゆえに、見る人をして、手前の滲んだ光の中に何かを探させる。そのあと視線は奥の高い空をさまよう。このようにして、この作品は、私たちが網膜の底で無意識的に感じとっていた見えない光の記憶を呼び起こしてくれている。そんな気がした。

被写体の秘密、写真の性質逆手に

杉本博司「アラスカオオカミ」（1994年）

©Hiroshi Sugimoto / Courtesy of Gallery Koyanagi

杉本博司の作品、「アラスカオオカミ」を見ていただきたい。凍てついた雪原の丘に集まったオオカミたちにみなぎる緊張感はどうだろう。次の瞬間、切られたシャッター音に気づいた彼らは、耳をぴんと立てたまま一斉にこちらを向き、灰色の眼で射すくめるように凝視するに違いない。ニューヨークのギャラリーの大きな白い壁一面に掲げられたこの大判写真を見たとき私はそう感じた。

実は、種明かしをすれば、オオカミたちは決してこちらを振り向くことはない。すこしでも姿勢を変えることすらない。永遠に。なぜならこの作品は、自然史博物館のジオラマを撮影したものであり、オオカミたちは模造模型の上にしつらえられた剥製なのである。杉本博司は館内のガラスケースの反射を防ぐため、大掛かりな暗幕を周囲にめぐらせ、露光時間を正確に割り出した上で撮影に臨んだ。

私はねっからのいきもの好きであり、それが嵩じてこうして生物学者になったのではあるが、自然史博物館的なものが苦手である。そこには地球各地の秘境や極地を模したジオラマがこれでもかといわんばかりに展開し、そこを棲家とする珍しい動物たちが置かれていて、知るべきもの・学ぶべきことは数限りない。しかし私はガラスケースからガラスケースを見て歩くうちに、まもなく得体のしれない疲労感と偏頭痛に似た重苦しい気持ちに囚われる。その理由は明らかだ。ここにあるのはいきものではなく死であり、いきものに本来的な動きがない。存在しているのは永遠の静止であるからだ。

杉本博司は写真という技術を使ってそれを鮮やかに逆転してみせた。写真は、たえず動いていて、止めなければよく見ることのできない動的世界を静止することに成功した。今、このときに留めないと永遠に失われてしまう決定的に一回限りの瞬間を焼き付けることを可能にした。つまり写真とは時間の関数として流れる動的な世界を微分する作用であり、それゆえ一枚の写真には、そこに至る時間とそこから始まる時間が内包されている。だからこそジオラマの中に不自然なかたちで止められていた時間が、杉本の写真によって、再び動き出す契機を与えられることになったのだ。

群れとボイド

伊藤若冲「蓮池遊魚図」

宮内庁三の丸尚蔵館所蔵

ひつじは群れを作って生活する動物の代表で、一頭があちらへ動けば、皆がぞろぞろとあちらへ動き、また別の一頭が左に曲がれば、皆がそれにしたがってぞろぞろ左に曲がっていく。ひつじを家畜化する上で、この付和雷同的な群れの性質はとても好都合だった。牧童と犬だけで何百頭もの群れをコントロールできる。その証拠にほら、群れという字の中に、ちゃんとひつじがいる。

ひつじの集団の中に、リーダーや階層構造があるわけではない。構成員は基本的にみな平等で、ただただ回りに合わせているだけである。緩やかでユーモラスなこの群れの「動き」は、洋の東西を問わず、多くの芸術家が群れの静と動を描きとめようとした。ミレーの三大名画の一つ「羊飼いの少女」

はその代表作だ。

ひつじの群れと似たような「動き」を持つ集団というのは、自然界にいくらでも例を見いだすことができる。夕暮れ時に空を群舞する雀の大集団。あるいはイワシの大群の旋回。もっとかわいい動きもある。蓮池の水面下に集う小魚の群れを描いた伊藤若冲の「蓮池遊魚図」。メダカと思しき小さな魚がみな同じ方向を向いて小さな口を動かしている。もし今、いたずらで小石を池に投げ込めば、彼らは一斉につぃーと向こうへ泳ぎ去り、しかしあまり遠くへいかずあたりで様子をうかがうことだろう。

中央集権的ではなく分散的。リーダーはなく平等。互いに似た群れの行動の背景には同じ基本原理を見いだすことができる。米国のコンピュータ技師、クレイグ・レイノルズは、ランダムな点の動きにたった3つルールを与えるだけで点を「群れ」集団として動かせるシミュレーション「ボイド」を考案した。それは「互いにぶつからないよう最小限の距離を保つ」「隣と同じ方向、同じ速度で動く」「みんなが集まっている方向を目指す」というシンプルなルールだった。

「ボイド」はその後、その有用性が評価され発展。今ではゲームやハリウッド映画の背景で、群衆が逃げまどうシーンや、戦闘を作画するときに大活躍しているという。似ている動きにも共通項があったのだ。

離れた二点の識別にも限界

ランドルト環

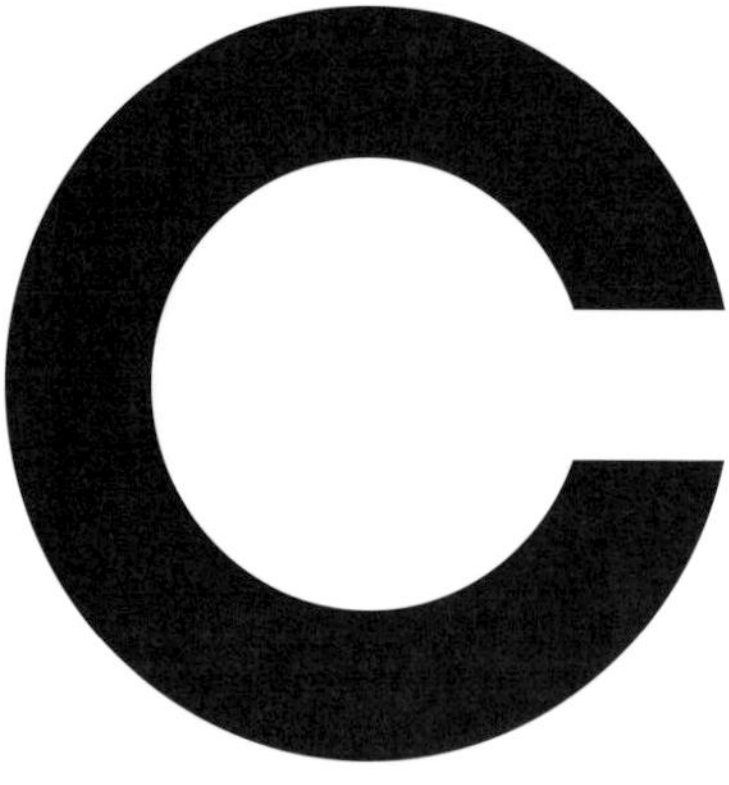

すっきり、くっきりしたCの文字。グッドデザイン賞をもらっても不思議ではないくらい（ある意味ではあのGマーク以上に）スタイリッシュなこの意匠。これにはれっきとした名称がある。ランドルト環。20世紀のはじめ、フランスの眼科医エドマンド・ランドルトが作った。と、ここまで書けば誰もが思い出すように、この文字は私たちの視力検査に使われている。「右。上。左。左。下。右。うーんと。えーと。ちょっとわかりません」というあれである。

しかし、なぜ視力を測るのに、AやBではなくCが使われるのだろう。視力検査が見ているのは、私たちの識字能力ではなく、黒い環の中に入れられた切れ目が、ちゃんと切れ目として識別できるかを調べているからだ。一般的な視力検査では、5メートル離れた距離から、直径7・5ミリの黒い環に入れられた幅1・5ミリの切れ目がどちらを向いているか見えるかどうかを調べる。もし識別できればあなたの視力は1・0である。

切れ目は、黒い環の端と端のスキマということであり、もしその端と端の二点がぼやけて見えて、離れているのかくっついているのか判別できないなら、視力は1・0に達していないということになる。

視力とは、離れた二点をちゃんと二点と識別できるか、つまり眼の解像力である。夜空を見上げると、ひしゃくの形をした北斗七星がある。柄の部分に三つの星があるが、その真ん中の星は実はひとつの星ではない。ミザールとアルコルという二つの星が接近してそこに見える。かなり眼のよい人でないとわからない。古代アラビア世界では、これが兵士の視力検査に使われていたという。

対象物に近づけば当然よく見える。それでも限界がある。どんなに至近距離で凝視しても、ヒトの眼は、0・1ミリ離れた二点を二点とは解像できない。だから慧眼《けいがん》のアラビア兵士であっても、自分の身体がおよそ直径0・03ミリの微小なユニット、つまり細胞から成り立っていることまでは気がつかなかった。

世界の階層構造、10の累乗で示す

イームズラウンジチェア&オットマン

興味深いショート・フィルムがある。四角い映像は芝生に敷いたシートに寝転んで何気ない休日を過ごすカップルを映し出す。傍らには読みかけの本やランチボックスなどが散らばっている。次の瞬間、カメラは上昇しはじめ、フレームはどんどんズームアウトしていく。彼らの住む家、街（シカゴのミシガン湖畔）、フレームの脇には縮尺が表示される。10メートル、100メートル、1000メートル。さらに拡大は続く。都市圏、国、大陸、そして地球。視点はどんどん広がり、地球から各惑星が周回する太陽系、太陽系を遠く離れて、他の恒星系を取り込み、やがて銀河系全体を見渡す。正確に言えば、縮尺は10の何乗メートルで示される。1000は10^3メートル。銀河系が一粒の輝点となって大宇宙の闇に飲み込まれるときには映像の一辺は10^{24}メートルに達している。

フレームはここから一転、逆に急速なズームインを開始する。銀河系、太陽系、地球、大陸、国、都市、街、家、そして寝転ぶカップル。もとに戻るがカメラはそこで停止しない。男性の手の皮膚を突き破り、ミクロな世界に侵入する。組織、細胞、DNA、分子、原子、原子を構成する陽子と中性子。そこには核の周りを周回する電子がある。さながら恒星の周りを周回する惑星と同じ光景だ。

細胞が見えるのは10^{-5}メートル、つまり10ミクロン。DNAのらせん構造が見えるのは10^{-7}メートル。英語ではこの「10の何乗」をパワーズ・オブ・テンと呼び、それがこのショート・フィルムのタイトルにもなっており、ユーチューブで見ることができる。

1960年代末にこの実験的映像を作ったのはスタイリッシュな家具のデザイナーとして名を馳せたイームズ夫妻である。宇宙から原子核まで、世界には階層構造がある。人間が感知できるのはこのうちほんの僅かなスリットでしかない。マクロを形作るミクロな世界の中に、マクロな世界と同じ構築原理が、無限の入れ子構造として内包されている。パワーズ・オブ・テンが見事に可視化して見せたこの驚きは、以降の多くの表現や思想に大きなインスピレーションを与えた。

一方、イームズの家具はどれも階層構造の明示を避け、連続した優美な曲線で構成されている。私は、同じ作家の内部を行き来しただろう想像力の往還に感銘を受ける。

一回限りの運動が生む美

ジャクソン・ポロック

ベネチアの大運河を船で下っていくと、豊かな水面が広がり、いよいよ海に開口する頃、左右に建ち並ぶ豪華な館の中に、ひときわ異彩を放つ白亜の建物が見えてくる。ペギー・グッゲンハイム美術館。

ペギーは、有名なニューヨークのグッゲンハイム美術館――フランク・ロイド・ライト設計による巨大なカタツムリが摩天楼に舞い降りたかのような奇抜な建築――を設立した大富豪ソロモン・グッゲンハイムの娘である。一時は、シュルレアリズムの旗手、マックス・エルンストと結婚していたこともあって芸術を愛し、たくさんの作品を蒐集した。それがここに飾られている。展示品は現代アートが中心。エルンストはもちろん、ピカソやカンディンスキーもある。それからピエト・モンドリアンも。

そこでアクションペインティングの鬼才、ジャクソン・ポロックの作品と出会った。赤、青、黄などの鮮やかな色の点が散らばり、そのあいだをぐるぐる、うねうね、ふらふらと黒い曲線が、環のように、らせんのように、あるいはバネのように踊りまわっている。

アクションペインティングとはその名のとおり、動きながら表現すること。キャンバスを床に平置きし、そこに筆から絵の具を滴り落とすように、あるいはたたきつけるように、腕を振りながら、自由に曲線や粒を描き出す。絵はまさに一回限りの運動として生みだされる。ポロックはときにタバコをくわえながら、自在な筆の軌跡を生み出した。

20世紀の天才たちを時間軸に沿って眺めると見えてくるものがある。ポロックは、若い頃、ピカソに似たキュビズム的作品を作っていた。ピカソをめざし、ピカソを超えようとした。しかしそれはカンディンスキーとモンドリアンに先を越されてしまった。ポロックはさらにその先の地平に抜け出ようとしたのだ。赤、青、黄のあざやかな区画を黒い直線が縦と横に明快に仕切っている。モンドリアンの幾何学に振動を与え、線に動きをもたらすこと。結果として、ポロックはプロセスそのものを芸術に変えた。目を細めてポロックを遠望すると、その背景にモンドリアンが透けて見える気がした。

うたかた表現する光の粒

千住博　２０１５年のベネチア・ビエンナーレに出展した滝

昔、ＮＨＫの番組で、小学生を相手に、私の生命論である「動的平衡」を講義するという企画を試みた。私たちの身体はタンパク質や脂質といったミクロの粒でできているが、この粒々は機械部品のように固定されているのではなく、逆に、ものすごい速度で日々、交換されている。今日、私を形作る粒は明日には壊されて排出され、食べ物に含まれる新しい粒に置き換えられる。つまり昨日の私は今日の私ではなく、久しぶりに会った人との挨拶は「お変わりありまくりですね」が正しい。

粒がたえまなく流れながらも、私は私であるという同一性を保つ仕組み、つまり変わりつつ不変を保つのが、動的平衡である。これを何とか可視化できないか。そこで思いついたのが丸いマグネットの粒だった。この粒を使って黒板の上に大きな身体のカタチを作る。同じマグネットの粒で食べ物を作り、これを食べさせる。粒は吸収されて身体の一部になる一方、また別の一部が排泄されていく、という流れを作る。このとき、一食分だけ食べ物の粒に蛍光塗料で色を塗っておく。これは可視光では見えない。ところが部屋を暗くしてブラックライト（紫外線）をあてると、その粒だけが光って浮かび上がる。流れを追うと、粒は一瞬身体全体に広がり、身体の輪郭に沿って散らばったあと、遅い速いの差はあれ、やがて後からきた粒によって身体から追い出されていく。つまり私たちは常に動き、流れており、身体はそこに浮かぶうたかたにすぎない。私たちは粒の容れ物ですらない。生きるとは流れそのものである。

滝シリーズで高名な千住博は、２０１５年のベネチア・ビエンナーレに、ブラックライトを当てると細かい水しぶきが青白い蛍光の軌跡となって揺らめきながら浮かび上がる大瀑布を出展し、来場者の度肝を抜いた。ここには、二度として同じ流れはないにもかかわらず、あやうい平衡として存立するものの姿が見事に描き出されている。つまり時間が表現されている。

Ⅷ ミミクリーズ

自然界にも他人の空似

ヨツスジトラカミキリ

自然界には〝他人の空似〟とも呼ぶべき、驚くような類似がしばしば見つかる。それも（人間の〝空似〟の場合、同じ種、ホモ・サピエンス内部での出来事だから似ていることがあるのは当然なのだが）、異なる種で、つまり進化の過程ですっかり離れてしまっているのにもかかわらず、ありえないほど似ている場合がある。

たとえばこの写真を見ていただきたい。これは蜂ではない。ヨツスジトラカミキリという甲虫である。なのにアシナガバチそっくりな鮮やかな黄色と黒のスジ模様をまとっている。もちろんカミキリムシは、蜂へのオマージュとして姿形を似せているわけではない。そもそも生物はいくら望んだとしても、自分の身体的特徴を変え、それを次世代以降にも伝えることはできない。つまり自分の力で自分の遺伝子の方向性を変えることはできない。もし変化があるとすればそれは突然変異――ランダムな方向への偶発的な変化――でしかない。

でもそれにしては似すぎてはいまいか。そこで、古来、生物学者たちはなんとか〝他人の空似〟に意味を見いだそうとしてきた。かくして編み出されたアイデアが「ミミクリー」である。日本語では「擬態」と訳される。変化自体は偶発的なものだった。あるとき突然変異によって、たまたま蜂に似た模様を持ったカミキリムシが出現した。あまりに似すぎていて、蜂からパクリだと言われかねない。カミキリムシは最初、そう感じて恥ずかしくなったかもしれない。ところが思いがけない役得がやってきた。あまりに蜂に似ているがゆえ、蜂をついばんで痛い目にあったことがある鳥たちはこのカミキリムシを避けるようになったのだ。天敵から逃れることはカミキリムシの生存に有利に働く。このようにしてミミクリーが選択された……これが生物学者の考えた屁理屈である。空似を見つけるのは楽しい。そして空似の数だけミミクリーの物語ができる。でも進化上起きたことは誰にも実証のしようがない。

配列似ると機能も近い

発ガン候補遺伝子の配列

CCCTAAACCCTA
GACAGTCGATAG
ACGGGATCCAGG
GAGTGGAGATCA

似ているものには意味がある。蜂に似せた姿をすることで、毒も針も持たないカミキリムシが外敵の襲撃を避けるという「擬態（ミミクリー）」に触れたが、似ているものを探し、その意味を考えることは実はすべての科学的探求の出発点でもある。

分子生物学者として研究の道に入った頃――今からもう四半世紀も前のことだが――私たちは新しい遺伝子を探し出すことにしのぎを削っていた。たとえばガン細胞と正常細胞を比較して、ガン細胞でのみ活性化されている遺伝子を捉える。あるいは若い脳と老いた脳を比べて、後者で滞留物となる遺伝子を見つける。それらは発ガンや痴呆に関連する重要な要因かもしれない。ある条件下で増えたり、減ったりする遺伝子を選り分けてくることは、その手間暇さえ惜しまなければ、なんとか取り出してくることができる。

問題はその先だった。苦労して探しだした発ガンの候補遺伝子を解析すると、そこには文字列がならんでいる。それは4種の形のことなる化学物質が連結してできた配列である。分子生物学ではこれを便宜的にA、C、G、Tの4文字で表記する。フォーレターワード。とはいえ少しもセクシーでない。むしろ延々と並ぶ、意味不明の文字列の前にただただ呆然とするしかない。最新の科学をもってしても、遺伝子配列を見ただけでは、それがいったいどんな役割をしているか、皆目見当がつかない。ではどうするか。似ているものを探すのだ。これまでに判明した遺伝子配列のデータベースと照合し、類似の配列を調べるのである。これをホモロジー（相同性）検索という。

配列が似ていれば全体の形も似ているはず。形が似ていれば機能も似ているはず。こんな小学生にでもわかるシンプルなロジックで生命科学は進んできた。現に、ある種の発ガン遺伝子は、成長因子と似ていることから細胞の異常増殖の仕組みが判明した。

全く皮肉なことに、ホモロジー検索のアルゴリズムは今日、研究の現場だけでなく、学生レポートのコピー（複写）&ペースト（貼り付け）、コピペ対策として大学教員にさかんに使われている。似ているものにはわけがある。

「似てるね」を見つける喜び

キリンと土筆

実は（と改まって言うほどのことでもないが）、私はあるテレビ番組のオープニング曲の作詞をした。

♬

ミミミミ　耳耳　ミミクリーズ
にているものには　わけがある
ミミクリさんねん　かきはちねん
とんでひにいる　なつのむし
にているかたち　おんなじうごき
ナルトのうずと　水のうず
にているものには　いみがある？
チョウチョウのくちと　ダリのひげ
アサガオのつる　かたつむり
そっくり　びっくり　オモろじ～

♬

JASRAC出1513817-501

ここに音楽家のトクマルシューゴさんが楽しい曲をつけてくれた。新番組の名は「ミミクリーズ」（ＮＨＫ Ｅテレ）という。ミミクリー（擬態＝ある生物が別種の生物の形態や行動を真似ること）という言葉をもう少し広く捉えて企画を考えた。

互いに似ていることを見つける。似ているものに気づく。科学はそこからはじまる。似ていることの意味と意義を考えることが未知の遺伝子の役割を推定することにつながり、あるいは生物の進化上の適応を説明することになる。芸術においても、先人へのオマージュが新たな手法を産み、別の表現の扉を開くことがある。

「ミミクリーズ」には、このような大人の理屈はとりあえず置いておき、子どもたちに自然に目を向けて、思わぬ類似、相似を発見する喜びを知ってもらいたいという願いがある。

ちょうど季節も春めいてきた。近く草むらに行ったら、つくしが顔を出しているかもしれないよ。探してごらん。みつけたらつくしの頭に顔を近づけてよーく見てみよう。このギザギザ模様、何かに似ていると思わない？　ほら、たとえばキリンの肌の網目模様。

似ているものにはわけがある。自然界の類似性の背景には同じ構築原理がひそんでいることがある。種明かしは次に。

二等分線の均衡、自然界にも

平面のボロノイ分割

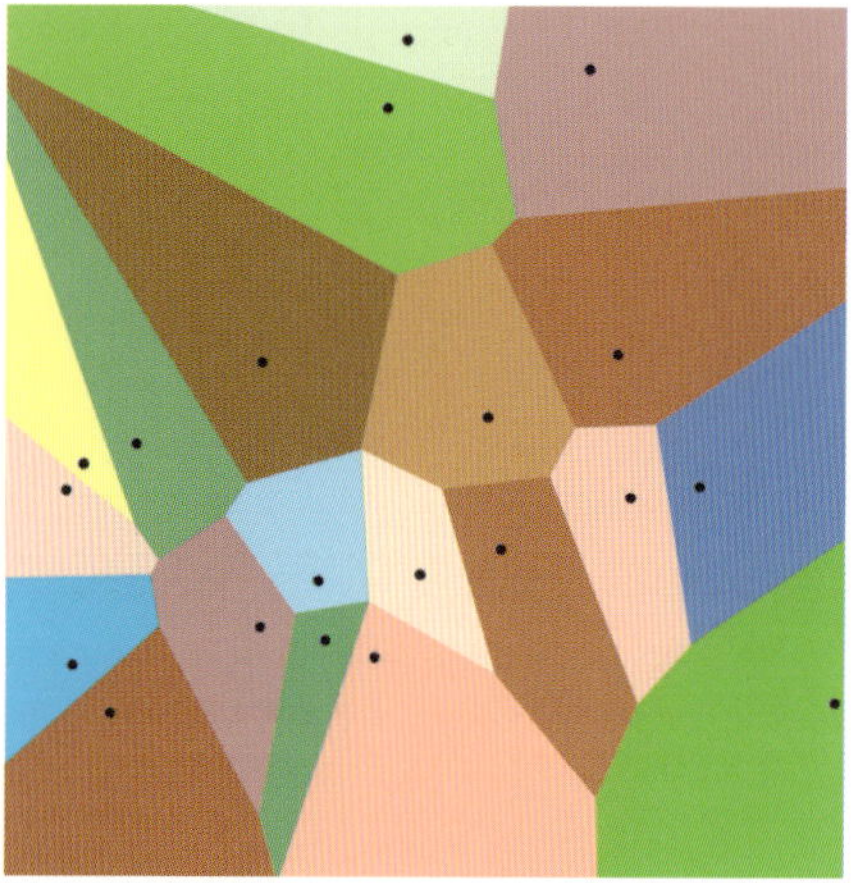

まずは図を見ていただきたい。これは幾何学的に平面のボロノイ分割と呼ばれる図形である。20世紀の初めにこれを研究したロシア人数学者、ゲオルギ・フェドセビッチ・ボロノイにちなんでいる。定義は、「平面上の任意の位置に配置された複数個の点（これを母点と呼ぶ）があるとき、同じ平面上の他の点が、どの母点に最も近いかによって領域分けされた図」のことを指す。領域の境界線は、各々の母点の二等分となる。と、言われても読者の多くはなんのことやらさっぱりわからないと思う。かく言う私も、もし、ボロノイの概念をいきなり数学的に説明されたら理解できなかったはずだ。

たぶん、「上から目線」あるいはトップダウン方式で平面分割の概念がいきなりやってくるからだ。人間の脳は上から降ってきたものを、そのまますんなり飲み込めるようにはなかなかできていない。でも、ここで発想を転換して、何かが立ち上がってくるプロセス、つまり生成の過程として、いわば「下から目線」あるいはボトムアップ方式で、この図の成り立ちを考えてみたらどうだろう。

最初、何もない平面に、いくつかの細胞が散らばった。これを母細胞と呼ぼう。それぞれの母細胞はほぼ同じ速度で細胞分裂を始める。増えた細胞は母細胞を起点に同心円状に周囲へ広がっていく。もし別の方向から増えてきた細胞とぶつかったなら、それぞれの細胞集団はお互いに相手に敬意を表してそこで増殖を止める（どのみち空間的にも広がりようがない）。この停止線は母細胞間の二等分線となる。複数の母細胞が互いに版図拡大争いをしながら、それぞれ二等分線で止められ均衡を保った結果できたのがボロノイ分割の図である。そして自然界にはまさにこのようにして生じた模様やパターンが無数にある。キリンや熱帯魚の網目模様、つくしや葉脈、はたまた結晶の分割模様。似ているものには共通の生成原理が潜んでいるのである。

Ⅸ カバのウィリアム

虫に生を探したファーブルの挑戦

アンリ・ファーブル

昆虫学者アンリ・ファーブルが生きた時代――19世紀から20世紀初頭にかけて――生物学はすでに音を立てて、より分析的に、より還元主義的な方向へ、突き進んでいた。人体もしくは動物を腑分けし、臓器、骨格、筋肉、血管、神経の走行が克明に調べられ、そのいちいちに名前がつけられていった。顕微鏡がその倍率を飛躍的に上げ、組織や細胞の微細な構造が逐一記述されていった。

しかし解像度が上がれば上がるほど、本来優れてヴァイタルなものである生命の実相とはかけ離れたものへの傾斜が強まることになる。解剖図は、拍動と呼吸を失った死体の塗り絵であり、レンズの下の細胞は、蝋で固められ、薄切りにされた生命の抜け殻でしかない。

ファーブルはそのことについて極めて自覚的だった。先鋭的ですらあった。彼は高らかに挑戦状を叩きつけている。

「あなた方は虫の腹を裂いておられる。だが私は生きた虫を研究しているのです。あなた方は虫を残酷な目にあわせ、嫌な、哀れむべきものにしておられる。私は虫を愛すべきものにしてやるのです。あなた方は研究室で虫を拷問にかけ、細切れにしておられるが、私は青空の下で、セミの歌を聞きながら観察しています。あなた方は薬品を使って細胞や原形質を調べておられるが、私は本能の、もっとも高度な現れ方を研究しています。あなた方は死を詮索しておられるが、私は生を探っているのです」(『ファーブル昆虫記』奥本大三朗訳)

渦やらせん、流れや変化は、動的なものの象徴である。しかし、たえずその姿を変えて動き続けるものを書き留めることは——文字通り、動きをとどめるという行為そのものにおいて——絶対の矛盾をはらんだ試みだった。しかし、人はこの世界のダイナミズムを写しとらずにはいられなかった。その巧まざる挑戦のいくつかについて見ていくことにしたい。

憧れの蝶の完模式標本
アレキサンドラトリバネアゲハ

昆虫少年だった私は、あきもせず図鑑ばかり眺めて暮らしていた。家にあった図鑑シリーズは、昆虫の巻だけがすり切れ、あとは新品同様だった。だからいまだに私の知識は昆虫方面に偏っており、花の名も鳥の名も知らずに笑われる。

図鑑を見ては、その美しさにため息をつき、ほんとうにこんなに素敵な色をした蝶が飛んでいるものなのか、いつかは実物をこの目で確かめたいと願った。ほどなくして私は意外な——しかし考えてみれば当然の——事実を知った。図鑑に載っているあらゆる蝶にはいずれも、世界で一番最初にそれを捕らえ、名前をつけた人物がいて、その存在の証拠として第一号となる標本が保存されている、という事実である。この、いわばメートル原器にあたるような標本を完模式標本と呼ぶ。完模式標本。その言葉が私の心に鳴り響いた。私がその名を憶えた、すべての蝶、すべての蛾、すべてのカミキリムシ……図鑑の昆虫の絵から一斉に直線が伸び、それが世界のどこかの博物館あるいは研究室の標本箱の中に厳重に保管されている完全な標本と一対一で結びついている。想像しただけで目眩がした。

私が一番あこがれたのはアレキサンドラトリバネアゲハという名の蝶である。透きとおるような青と緑、茶と黒。どんな天才芸術家でもこれほどすばらしいフォルムと配色を作り出せはしまい。ニューギニアで初めてこの蝶を発見した採集家は最初、鳥と見まがえて銃で撃ち落とした。そう図鑑の脚注には記してあった。

ずっとあとになって、私はロンドンの自然史博物館を訪問した。あらかじめ依頼して標本庫を見せてもらうことになっていた。ずらりと並んだキャビネット。私はおそるおそるある引き出しを手前に引いた。そこにはまぎれもなくあの蝶の完模式標本が鎮座していた。後翅には散弾が貫通した穴がくっきり開いていた。

脱ぎ捨てられたサイの甲冑

アルブレヒト・デューラーによるサイの木版画

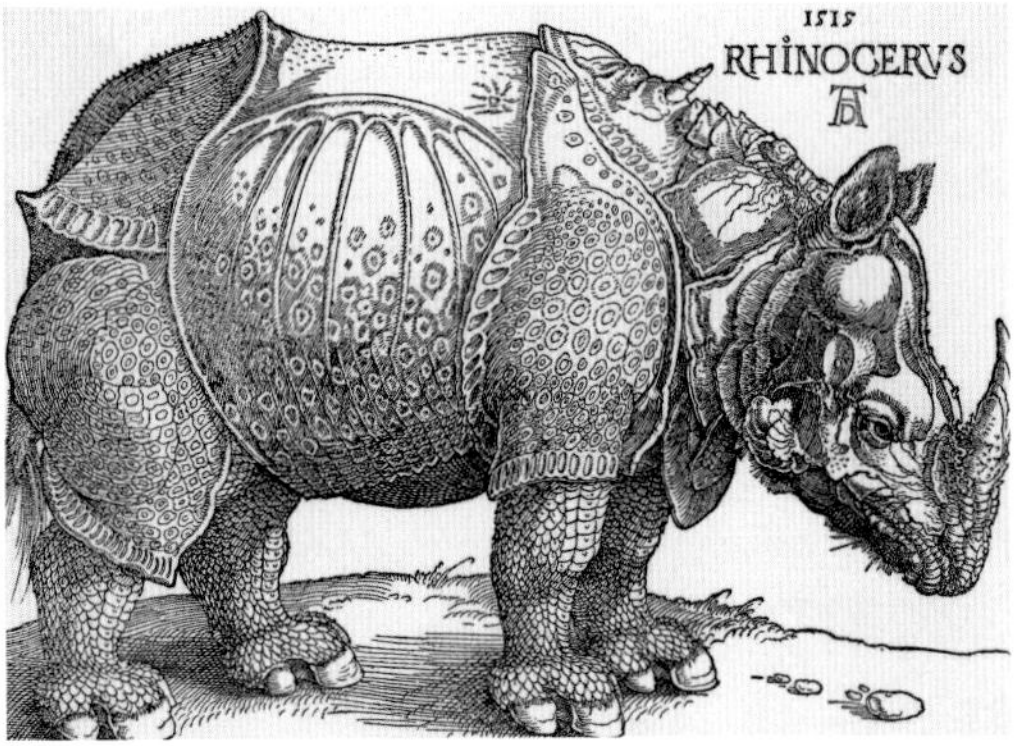

大英博物館に来たならば、あのアイコニックなアイドルにも挨拶しておこう。建物に似てどっしりと、それでいてどこかユーモラスなたたずまいで、それはじっと立ちすくんでいる。

1515年、リスボンに、はるばるインドから一頭のサイがつれてこられた。それまでヨーロッパ人はこの動物を観たことがなかった。噂を聞きつけたドイツの奇才アルブレヒト・デューラーは、伝聞だけを手がかりに、あたかもその目で見たかのような精密なサイの絵を描きあげた。巨大なサイは全身を鎧のような甲殻で覆われ、鋲を打ったような丸い文様が連なっている。恐竜のような鱗のついた足。頭と背に角。

生物学的には全く不正確なこのサイの絵は、しかしヨーロッパ中で熱狂を持って受け入れられた。なぜか。彼はサイを写生したのではなく、サイのイメージをデザインしたからである。つまりデューラーは、サイという伝説上の生物を人々が理解するために必要な記号をすべてここに浮かび上がらせてみせたのだ。デザインとはメッセージである。

デューラーはもう一枚、同じスケッチを作り、それを原画として木版画を作成した。当然のことながら版画ゆえに、図は左右が反転した鏡像となった。同時に版画ゆえに描線はよりくっきり黒々とした鮮やかなものとして立ち現れた。デューラーのサイはその後、何年にもわたって複写、引用、転用されて広く流布した。なんと20世紀初頭まで教科書にもサイの図として掲載されていたという。かくしてヨーロッパの人々の脳裏にデューラーのサイこそが、サイとして刻み込まれた。

のちに、動物園で実際にサイを観ることになったとき、人々はこう思うことだろう。実物のサイはなんてみすぼらしいのだろう。あの立派な甲冑はどこにいったのだろうかと。甲冑はあなたの頭の中に脱ぎ捨てられているのである。

人々が愛する太古のカバ

カバのウィリアム

The Metropolitan Museum of Art / Art Resouce, NY

大英博物館にあるデューラーの見事なサイの絵で思い出したのが、カバのことである。話は一挙に大西洋を渡る。ニューヨークの留学生活で最も心おどることは、いつでもメトロポリタン美術館に行ける、ということだ。大貫妙子の歌を口ずさみながらまるで自分の庭のようにぶらぶらできるし、『クローディアの秘密』みたいに、このままこの迷宮の中に住みつくことだってできそうである。二階奥のフェルメールの部屋に足を運ぶのもよし、回廊の途中にある楽器の部屋で優美なストラディバリウスを眺めるのもよい。でも今日はウィリアムに会いにいこう。カバのウィリアム。

ずんぐりむっくりしたこの愛らしい小さなカバは、古代エジプト領主墳墓の副葬品として発見された。なんと紀元前約

2000年頃の作品。陶製で、目の覚めるような鮮やかな青い釉薬で彩られている。肌には黒い葦の繊細な文様。誰が名づけたのか、カバはいつしかウィリアム君と呼ばれるようになり、今ではメトロポリタン美術館の人気マスコットになっている。実物はそんな喧噪をよそにエジプト部屋の隅にじっとたたずんでいる。

貴人の棺のそばに置かれるほどだから、当時のエジプトの人々はカバに何らかのシンボル性あるいはリスペクトのようなものを感じていたはずである。カバはナイル河口にも生息していたそうだ。

カバにせよ、サイにせよ、あるいはゾウについてもそうだが、私たち人間は太古の昔から、これら巨大ないきものを畏れつつ敬愛もした。なぜだろう。そう、もともと草原や水辺で草を食みながら静かに暮らしていた彼らは、ヒトの祖先たちが木から降り、森から出てきたとき、そっとその居場所を譲ってくれたのだ。その遠い記憶が、祈りとして残っているのかもしれない。

虫の模様に見る文化の起源

ゴライアスオオツノハナムグリ、ミイロタテハ

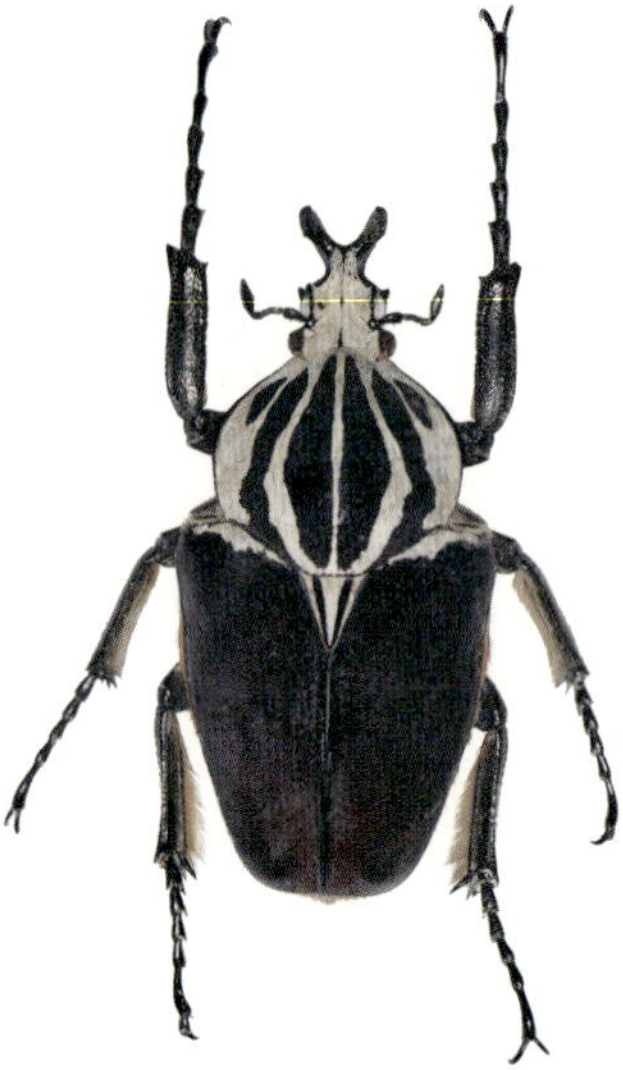

子どもの頃、私は〝虫の虫〟だったから、日本だけでなく、世界中の虫を図鑑で見て、遠い見知らぬ土地にいる驚くような色や形をした蝶や甲虫にあこがれた。そして、いつも不思議に思っていたことがある。

たとえば写真を見ていただきたい。左は、ゴライアスオオツノハナムグリという甲虫。右は、ミイロタテハという可憐な蝶。ではそれぞれ、どこに棲息しているか、言い当てることができるだろうか？　じっと見つめていると、不思議なことにそれが自然にわかってくる。ほら、甲虫の背中、深い紫がかった黒にくっきりと大書きされた大胆な白い文様。とてもアフリカっぽくはないだろう。密林に住む原住民の男たちが顔に塗っているペイントそっくり。事実、この巨大な甲虫は、コンゴや旧ザイールのジャングルの奥深くに産する。

では、ミイロタテハは？　渦巻きに似たミステリアスな意匠。太い曲線で描かれている。その周囲にモザイクタイルのように並んだ青光りする四角い斑点。まるでそのままインカ模様じゃないか。そう、正解。ミイロタテハは南米の宝石、かつてインカ帝国が栄えていた地域の特産の美しい蝶なのである。

私が不思議に思っていたことはまさにそのようなことだった。どうして、アフリカのゴライアスオオツノハナムグリは、あれほどまでにアフリカっぽく、南米のミイロタテハは、こんなにもインカ風なのだろうか、と。いうまでもなく、甲虫がアフリカの習俗を真似たわけではなく、蝶が南米の文化を踏襲したわけでもない。まったく逆である。虫たちはすくなくとも数百万年まえから、ひょっとすると何千万年、何億年の時間、そこにいた。ヒトはずっとあとになって、わずかにその場所の一部を譲ってもらって、すこしずつ自らを土地になじませながら、住み始めたにすぎない。

つまり、私たち人間の文化はすべて、その起源をたどるとき、自分たちが暮らす風土に対する敬意＝オマージュとして成立したのだ。そんなシンプルなことに気づかされる。

X　メランコリアI

すべて500年前の絵の中に?

アルブレヒト・デューラー「メランコリアI」

ドイツ・フランクフルトにあるシュテーデル美術館とフェルメール作「地理学者」をめぐる謎、顕微鏡的世界、結晶、あるいはこの世界における対のあり方について、つらつらと眺めてきたが、実はこの美術館にはもうひとつ、決して見逃すことのできない名画がひっそりと所蔵されている。それはアルブレヒト・デューラーの「メランコリアI」である。

デューラーはレオナルド・ダ・ビンチと同時代、ルネサンス期の人。芸術の才能に抜きん出ているとともに科学や数学にも関心の射程を伸ばした万能の天才だった。ある意味でダ・ビンチ以上の精緻さをもって。この銅版画に含まれる謎の奥深さは一体いかほどのものだろう。憂鬱《メランコリック》そうに沈思黙考する天使。その上に魔方陣。縦・横・斜めいずれの和も等しくなるだけでなく、四象限に分けられた各マスの和も等しくなるという完全魔方陣。しかもその下段の真ん中に作製年の1514が現れるという手の込みようだ。

さて左手にある幾何学的多面体は一体何か。ある学者が、L型アミノ酸の結晶体に似ていると指摘した。理論上、鏡像関係にある二通りのアミノ酸のうち（化学的にはL型とD型と呼ぶ）、生命はL型だけを採用した。生体のタンパク質はすべてL型アミノ酸から構成される。たとえば、L型グルタミン酸には旨味があるのに、D型グルタミン酸には味がない。舌は、L型にしか反応しないのだ。

ではL型アミノ酸はどこから来たのか。現代において少なくない数の科学者は、それが彗星の尾に乗ってはるか宇宙からやってきたと推測している。絵の空を見てほしい。結晶、自然界の対構造、生命の起源。後の科学が明らかにすることが、500年前のこの絵の中にすべて描かれているのだ。

……と、まあ深読みは果てしない。

絵画修復は情報の上書き

エリアス・ガルシア・マルティネス
「Ecce Homo（この人を見よ）」原画／
地元一般人女性による修復後の同作

絵画の修復とは何だろう。それは端的に言えば情報の上書きである。そのときオリジナルは消える。

このニュースは、世界中に配信されたのでご存じの方も多いと思われるが、〃事件〃はスペイン北部、サラゴサ地方のボルハ市の教会で起きた。会堂内の壁にあった、およそ100年前に描かれたキリスト像のフレスコ画がひどく損傷してきたことに心を痛めた80代の老婦人が、自ら修復に乗り出した。彼女には多少の絵心があったそうだが、もちろん絵画修復については素人だった。はげ落ちた部分に着色しているうちに、調子が出てきたのだろうか、全体を自己流に描きなおしてしまった。出来上がった絵は、元の作品とは似ても似つかない代物となりはてた。

原画は、エリアス・ガルシア・マルティネスという地元画家によって描かれたもので、彼はそれほど有名な画家ではなかったが、この騒動で逆に知られることになった。たまたま元の絵の写真が残っていたのでこうして比較することができるが、あらためて見るとプロとしての仕事がきちんとなされている。そこにあったはずのもの――キリストの悲しみに満ちた表情や目に湛えられた光――は上書きによって今や完全に失われてしまった。

これは極端な例だが、古いものを見るとき私たちが常に心しなければならないことではないだろうか。先にウィーンのフェルメール作品について、修復家が、努めて解釈をしないよう自制していると語ったことに触れた。彼女はドレスデンにあるフェルメールの絵「取り持ち女」に言及して、こんな風に私に問うた。あの絵の赤や黄色の衣装、350年も前に描かれたにしては、あまりにも鮮やかすぎると思いませんか？　と。自制とはそういう意味でもある。

降りつもるのは、時間そのもの

東山魁夷「年暮る」

私は京都で学生時代を過ごした。理科系は一人前になるのに時間がかかる。大学4年、大学院5年。研究室にこもり実験に明け暮れる毎日だった。とはいえ、通学路に、あるいは窓外に、季節が流れ行くのがわかった。

東山魁夷の「年暮《としく》る」という絵を知ったとき、ああ、私もこの光景をよく知っていると感じた。ちょうど同じ光景を抱きながら、あのとき、あの夜、一心にひとつのことだけに取り組んでいた。底冷えのする街の、ほんとうにその底で、凍えながら試験管を並べ、液を移し替え、実験動物を処理し、測定を繰り返した。そのすべての上に、目に見えない冷たい何かが降りつもっていった。でも私は速度を緩めなかった。とにかく目の前のやるべきことをただただ順にこなしていた。

「年暮る」は、三条か御池くらいのちょっと高い視点から鴨川ごしに東山方向の京都の家並を眺めた風景である。ちょうど老舗の旧京都ホテルから描いたものではなかったか（かつての建物は建て替えられ、現在は京都ホテルオークラになっている。古都も確実にその姿を変容させている）。

川端には裸木の暗いシルエットがあり、その向こうに瓦屋根の家々が並んでいる。京都は細い通りが平行に幾筋も通っているから屋根もそれに沿って整然と連なっている。遠方の視界にはお寺の大屋根も見える。大晦日の夜。人気はまったくない。街は青い闇の中に沈んでいる。

絶妙なのは先ほど来、降り始めた雪の表現だ。夜の街全体に音もなく雪が降り注いでいる。まもなく屋根と街路はひとしく白い帳《とばり》に覆われる。雪明かりだけがこの大晦日の、静寂に満ちた街を、ぼんやりと輝かせている。

目を閉じると今もなお雪はしんしんと降り続いている。それは、静かに、ひとしく、すべてのものごとの上にやわらかく降りつもる。つまりここに描かれているのは雪の一片一片ではなく、時間そのものなのである。

北斎、瀑布にベクトルを見いだす

葛飾北斎「下野黒髪山 きりふりの滝」（諸国滝廻り）

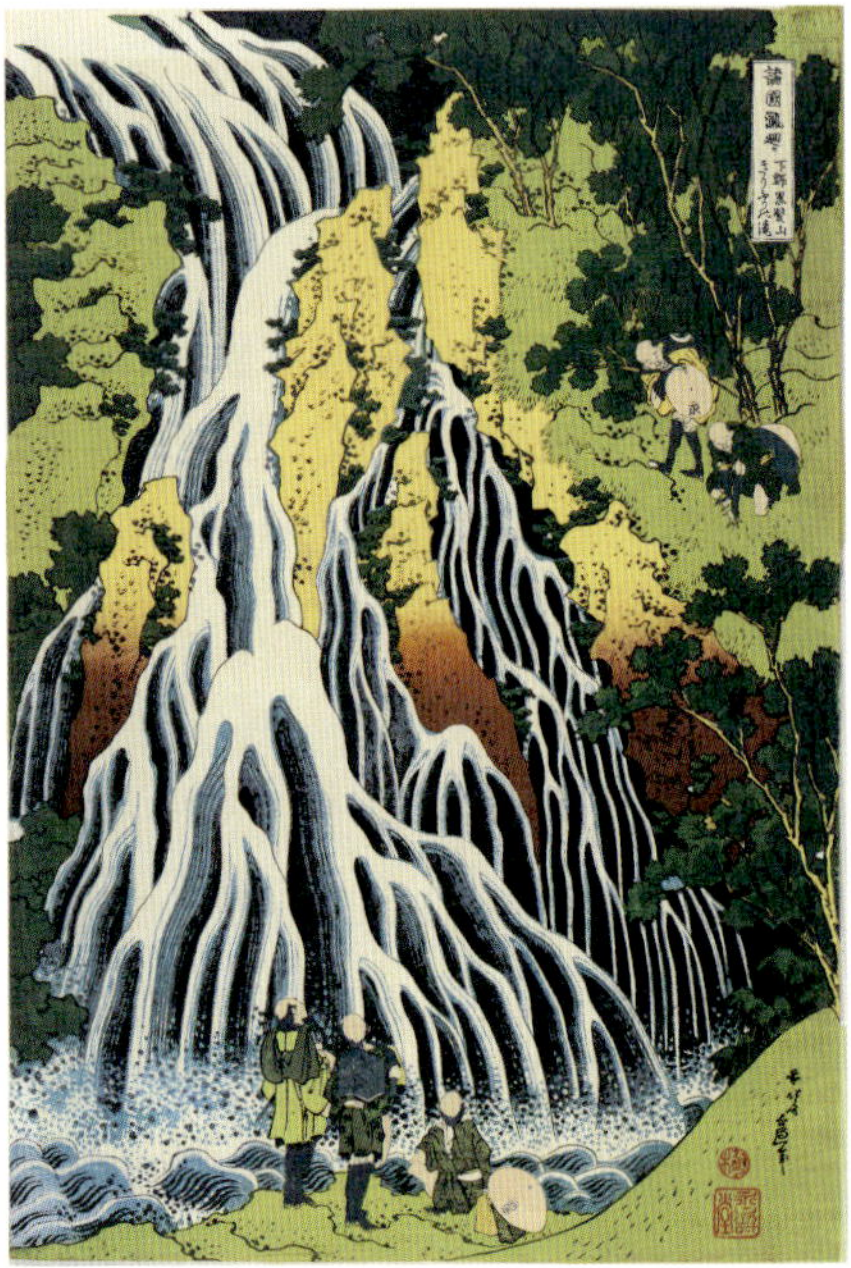

本来的に止まっている絵の中に、時間の流れを表現する。一見、矛盾するこの難題にチャレンジした先駆者たちに心から敬意を表したい。またそのような試みの果敢さを前にすると、思わず快哉を叫びたくなるものだ。たとえばこの瀑布のほとばしりはどうだろう。

富嶽三十六景で有名な葛飾北斎は70歳を超えてなお、精力的に新しい表現に挑戦していた。落下する水流の多彩な表情をとらえんと全国の有名な滝を描いたのが、「諸国滝廻り」である。いずれも見事な構図なのだが、これはそのうちのことさら秀逸の一枚が「下野黒髪山 きりふりの滝」だ。

滝の水流は、とめどもなく押し寄せ、落下し、水しぶきと化す。二度と同じ水は流れ来ないにもかかわらず、滝はいつもそこにある。北斎はそんな滝をじっと眺め、ある要素を抽出した。方向と力。岩にぶつかった瞬間、水流の方向と力は分散するが、切断されることはなく連続し、むしろ加速される。

方向と力という二つの要素を持つ動きは数学的に言うとベクトルである。北斎は滝を見て、滝の中に連鎖するベクトルの妙を取り出してみせたのだった。

ここにはデザインという現代的な営みの元型があるように思える。世界を眺めるとき、こう見ると面白いでしょ、ここに着目すると素敵なんです、という提案こそがデザインの本質である。だからデザインとは常に、動きやかたちの抽出と誇張を旨とする。その巧みさに私たちははっと息を呑むわけだ。

北斎の遊び心はそれだけではなかった。滝を見上げる旅人の笠にさりげなく「永」の字が入っている。これは「諸国滝廻り」を売り出した版元・永寿堂の永である。日本でもっとも初期に行われたタイアップ広告のひとつであった、というのは言葉がすぎるであろうか。デザインの目的が商業的訴求であるとすれば、北斎は類いまれなるグラフィックデザイナーであったのだ。

分子生物学教科書裏に遊び心

J・ワトソン編纂『細胞の分子生物学』原書第5版の裏表紙

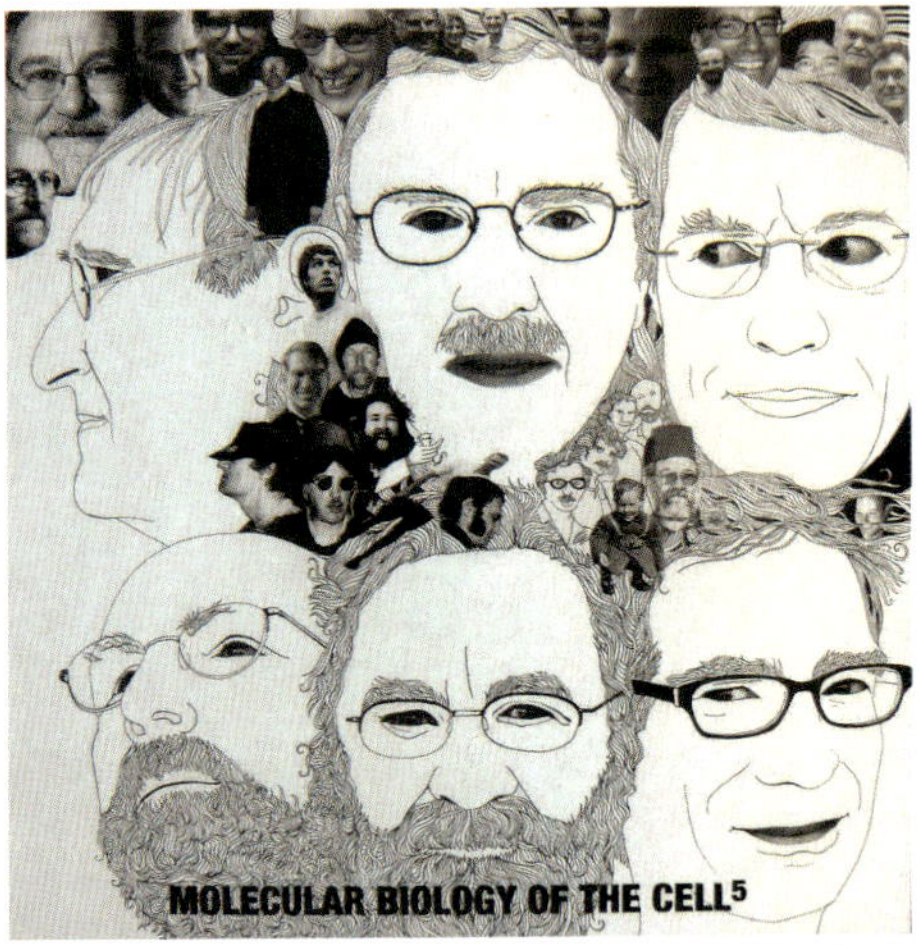

生命は階層構造を持っている。個体は臓器や組織からなり、臓器や組織は細胞からなる。細胞は生体膜や細胞内小器官からなる。それをさらに細かく分解していくと最後は遺伝子と遺伝子の産物であるタンパク質のレベルに至る。生命現象をこのような分子のレベルで統一的に理解することを目指したのが分子生物学である。その解像度の高さと切れ味の鋭さはみごとだった。単細胞の大腸菌でも、ヒトの脳細胞でも、基本的に同じメカニズムで動いている！

私が大学に入り、さらに大学院で勉強を始めた頃、ちょうど1980年代は、まさに分子生物学の勃興期だった。私たちはたちまちこの新しい学問の潮流と熱狂に飲み込まれ、争うように新しい知識を求めた。ときあたかも、画期的な教科書が出版された。DNAの二重らせん構造を解明したJ・ワトソンを中心に編纂された『細胞の分子生物学』である。

1000ページを超える同書はずしりと持ち重りがした。それは同時に、溢れんばかりに盛り込まれた最先端の知見の重さでもあった。私たちはその日の実験が終わり、安い晩飯を食べるとこの本の勉強会を始めた。夏は蒸し風呂、冬は底冷えする京都で、ほぼ毎夜、雨が降ろうが雪が積もろうが読み進んだ。一年半ほどかかっただろうか、ついに端から端まで全部を読了した。私が分子生物学という学問のおおよその見取り図を見渡すことができるとすれば、それはまぎれもなくこのときの勉強のおかげだ。

同書はその後、急速に展開する研究の最前線を取り込むため、度々、改訂版が出てベストセラー教科書として現在に至る。新版が出るたびに、裏表紙を見るのが待ち遠しい。著者たちが横断歩道をわたっていたり、別の版ではポンチョを着て手旗信号を送っていた。あるいは皆が階段から顔を出して並んでいる。第5版を見て笑える人は私の友である。ビートルズの有名なアルバム「リボルバー」のオマージュ。いずれも高名な著者たちはちょうどビートルズ世代なのだ。

いくら繰り返してもなかなか思うように進まない研究。片や華々しく発表されるライバルたちの論文。プレッシャーと焦燥。教科書の裏表紙のエスプリは、そんな私たちをいつも少しだけリラックスさせてくれた。

晩年でも傑作は生み出せる

ピエト・モンドリアン「勝利のブギウギ」

Bridgeman Images / amanaimages

科学上の大発見は、科学者がごく若い頃になされることが多い。ジェームズ・ワトソンがＤＮＡの二重らせん構造を解明したのは彼が２５歳のときであり、アインシュタインが相対性理論を発表したは２６歳のときだ。天才的なひらめきは、脳がまだやわらかなときにしか起き得ないのだろうか。

数学者のイワン・スチュワートの講演を聞いたときにもフロアからおなじ質問が出た。「数学上の大発見は、若い頃にしかなされないのはなぜでしょうか？」

スチュワートは答えた。「それは若い数学者が無謀だからです。何がうまくいかないか、わかっていないからです。でも年をとってから偉大な発見がなされた例もちゃんとあります」

そのとおり。たとえば、ワトソンがDNAの構造を解明すればノーベル賞間違いなしと考えて、この難問にチャレンジできたのは、DNAこそが遺伝子の本体であることがすでにわかっていたからだ。地道にそれを証明したのは米国ロックフェラー研究所のエイブリーだった。当時、彼は60歳を超えていた（ちなみにエイブリーはノーベル賞を受けていない）。

若さの輝きとは対照的に、人生最高の仕事が最晩年になされることがありうる。19世紀末、オランダに生まれたピエト・モンドリアンは初期にはごく普通の風景画を描いていた。その後、パリに出てピカソやブラックの影響を受けキュビズムに傾倒する。しかし、世界から何らかの要素を抽出する抽象主義に飽きたらず、独自の表現を求めて長い試行錯誤を繰り返すことになる。1940年、彼は戦火を避けてニューヨークに移住した。そこで彼は、抽出ではなくそれ自体が世界の表現となりうる、華やかでスタイリッシュな作品を生み出した。最後の作品「勝利のブギウギ」はモンドリアンの代表作であり、最高傑作でもある。時に彼は71歳だった。

早熟な天才だけが、あるいは若いほんの一時期だけが、真のクリエイティビティを発揮できる唯一のチャンスであるというのはメディアが作りだした嘘だ。遅咲きのモンドリアンは、私たちにある種の慰撫をもたらしてくれる。とはいえ誰もがモンドリアンにはなれない。

［初出］
「日本経済新聞」2014年2月16日～2015年6月28日

［写真提供］
amanaimages, PPS通信社, Afro, OPO, 時事通信, 一橋大学,小山市教育委員会,
イサム・ノグチ庭園美術館, 山種美術館, 日本経済新聞

福岡伸一（ふくおか しんいち）

生物学者。1959年東京生まれ。京都大学卒。米国ハーバード大学医学部博士研究員、京都大学助教授などを経て青山学院大学教授・米国ロックフェラー大学客員教授。サントリー学芸賞を受賞し、80万部を超えるベストセラーとなった『生物と無生物のあいだ』（講談社現代新書）、『動的平衡』（木楽舎）など、「生命とは何か」を動的平衡論から問い直した著作を数多く発表。ほかに『世界は分けてもわからない』（講談社現代新書）、『できそこないの男たち』（光文社新書）、『生命の逆襲』（朝日新聞出版）、『せいめいのはなし』（新潮社）、『ルリボシカミキリの青 福岡ハカセができるまで』（文春文庫）、『福岡ハカセの本棚』（メディアファクトリー）など。対談集に『動的平衡ダイアローグ』（木楽舎）、翻訳に『ドリトル先生航海記』（新潮社）、近刊に『変わらないために変わり続ける』（文藝春秋）。また、フェルメール好きとしても知られ、全世界に散らばるフェルメールの全作品を巡った旅の紀行『フェルメール 光の王国』（木楽舎）、朽木ゆり子さんとの共著『深読みフェルメール』（朝日新書）を上梓。最新のデジタル印刷技術によってリ・クリエイト（再創造）したフェルメール全作品を展示する「フェルメール・センター銀座」の監修および、館長もつとめた。

芸術と科学のあいだ

2015年11月30日　第1刷発行

著　者　福岡伸一

発行者　小黒 一三

発行所　株式会社 木楽舎
〒104-0044 東京都中央区明石町11-15 ミキジ明石町ビル6F
電話：03-3524-9572　http://www.sotokoto.net

印刷・製本　株式会社シナノ

デザイン　松田 剛（株式会社 東京100ミリバールスタジオ）

ISBN 978-4-86324-093-3　Printed in Japan